COMMENT T'AIMER, TOI ET TES ENFANTS ?

Paru au Livre de Poche :

EST-CE QUE TU M'AIMES ENCORE ?

Dr CHRISTOPHE FAURÉ

COMMENT T'AIMER, TOI ET TES ENFANTS ?

LE DÉFI DE LA FAMILLE RECOMPOSÉE

ALBIN MICHEL

ISBN : 978-2-253-18798-1 – 1re publication LGF

Au Souffle d'Amour qui a quitté cette terre.

INTRODUCTION

Un sourire, une rencontre... et soudain, votre vie change de cours. Peut-être êtes-vous divorcé(e) depuis plusieurs années. Peut-être avez-vous perdu votre conjoint suite à un accident ou une longue maladie. Quoi qu'il en soit, un jour, alors que le poids de la solitude se fait trop sentir, vous croisez le regard de cet homme ou de cette femme. C'est comme si votre sang recommençait à couler dans le bon sens. Vous êtes déjà parent ou n'avez pas d'enfant ; lui ou elle a un ou plusieurs enfants issus de sa précédente union. L'espace d'un instant, vous hésitez : vous lancer dans une famille recomposée ? Vous ne savez pas trop à quoi vous vous engagez. Mais, après tout, pourquoi pas ? Tout semble réuni pour que cela marche. Et pourtant...

En rencontrant cette personne qui aujourd'hui partage votre vie, vous n'imaginiez pas que ses enfants allaient tenir une telle place dans votre existence. Vous n'imaginiez pas qu'il serait parfois difficile de faire coexister vos propres enfants avec cette personne que vous aimez. Vous ne pensiez pas non plus que l'ex de votre partenaire aurait une telle influence sur votre quotidien... Et aujourd'hui, ce qui aurait dû être une très jolie histoire devient parfois un peu pénible à vivre jour après jour. Alors que tout promettait des lendemains heureux, de nombreux foyers recomposés font ainsi le constat que les choses ne prennent pas le tour escompté. Comment cela est-il possible ? Que s'est-il passé ?

Certes, de belles histoires sereines s'épanouissent après les affres d'un divorce ou la souffrance d'une séparation, mais ce n'est malheureusement pas le cas pour tous ceux et celles qui prennent le risque d'aimer à nouveau. Ce livre s'adresse à vous si vous rencontrez des obstacles dans le vécu de votre nouvelle famille. Que vous soyez homme ou femme, père ou mère, beau-père ou belle-mère, il a pour ambitieux projet de dresser un état des lieux psychologique et émotionnel de votre situation, afin de vous donner des clés concrètes pour mieux comprendre ce que vous êtes en train de vivre, quand les choses deviennent difficiles.

Quelques chiffres permettent de mesurer l'ampleur du phénomène de la famille recomposée : selon l'enquête « Famille et logement » menée par l'Insee en 2011, environ un million et demi d'enfants de moins de 18 ans vivent dans sept cent vingt mille familles recomposées en France métropolitaine, soit un enfant sur dix ; neuf cent quarante mille d'entre eux vivent avec un parent et un beau-parent (mère et beau-père le plus souvent) ; les cinq cent trente mille restants vivent avec leurs deux parents mais partagent leur quotidien avec des demi-frères ou demi-sœurs. Ainsi, tout laisse à penser que la famille recomposée va progressivement devenir une configuration familiale banale pour les générations à venir. Mais que sait-on vraiment de cette nouvelle famille qui est déjà le quotidien de milliers de personnes ? Que vit chacun de ses membres ?

Selon le Census Bureau américain (2006), les statistiques montrent qu'environ 50 % des premiers mariages se terminent par un divorce, 60 % des deuxièmes... et 73 % des troisièmes ! Je n'ai pas trouvé de statistiques pour le taux de divorce après un remariage pour la France, mais une étude de la psychologue E. Mavis Hetherington[1] menée auprès de mille quatre cents participants suggère que le taux de divorce après un remariage peut être de 65 % quand un partenaire a des enfants d'une union précédente. Ce taux monte à 70 % quand chacun des partenaires fait vivre ses enfants dans la nouvelle famille. Selon cette étude, les couples remariés estiment que les enfants sont la première cause de stress et de tension dans leur mariage...

La lecture de ces chiffres a de quoi inquiéter : clairement, le remariage après un divorce ou un veuvage comporte plus de risque d'échec quand des enfants font partie de la nouvelle configuration familiale. Est-ce pour autant une fatalité ? Bien sûr que non ! Comment faire pour ne pas tomber dans ces tristes statistiques ? C'est tout l'objet de ce livre.

---

1. E. Mavis Hetherington, John Kelly, *For Better or For Worse : Divorce Reconsidered*, W.W. Norton and Company, New York, 2003.

En vingt années de pratique clinique, j'ai recueilli des centaines de témoignages de personnes engagées dans une famille recomposée. Vous allez les retrouver au fil des pages de cet ouvrage, leurs noms et certains détails de leur récit ayant été modifiés pour préserver leur vie privée. Beaucoup ont réussi à dépasser leurs difficultés, quand d'autres n'y sont pas parvenus. Je ne vous ferai donc pas de fausses promesses : ce qui vous attend ne sera ni facile ni simple à vivre au jour le jour. Mais le succès n'est pas une vaine illusion : au bout du chemin, un authentique bonheur dans la famille recomposée est possible, à condition de s'en donner les moyens.

Ainsi, que vous soyez parent ou beau-parent, ce livre se veut votre allié. Ne soyez pas découragé(e) par ce que vous allez y lire, même si volontairement, je mets en avant les situations difficiles. Il y a une raison à cela : plus vous serez, votre conjoint et vous, conscients des enjeux et des précautions à prendre pour composer votre nouvelle famille, sans nier la réalité, mieux vous serez armés pour faire face efficacement aux inévitables difficultés qui se présenteront à vous. Plus on connaît un territoire, plus facilement on peut en éviter les pièges : mon souhait est de vous les montrer le plus clairement possible ! Sans prétendre être exhaustif tant le sujet est vaste, ce livre entend en aborder de multiples aspects. Autant de facettes de la complexité de la famille recomposée. Afin d'éviter de trop lourdes répétitions, j'ai privilégié, dans chaque chapitre, certains aspects du vécu des protagonistes de la famille recomposée. Nombre de situations étant interchangeables, une petite gymnastique intellectuelle sera nécessaire pour avoir une juste vision des choses : ce que je vous dirai, par exemple, au sujet des mères ou des belles-mères sera à transposer pour les pères ou les beaux-pères en complément à ce que je développe spécifiquement.

Au fil des années, j'ai remarqué qu'il est très utile de faire lire ce livre à votre conjoint afin de partager vos réflexions avec lui ou avec elle. Une perception globale de votre situation (où chacun doit prendre conscience de ses responsabilités) est indispensable afin d'aborder, avec sagesse et intelligence, chaque dimension de cette courageuse et délicate entreprise !

Je vous souhaite paix et harmonie dans cette nouvelle étape de votre vie.

Dr Christophe Fauré

Depuis mai 2013, le mariage et l'adoption sont possibles pour les couples de même sexe. Qui dit mariage dit possibilité de divorce et possibilité de couples recomposés avec enfants. Par ailleurs, des hommes ou des femmes ayant mené jusque-là une vie de couple hétérosexuel peuvent se découvrir (ou s'assumer) homosexuel(le)s et décider de se mettre en phase avec leur orientation sexuelle. Leurs futurs compagnons ou compagnes deviendront les beaux-parents des enfants de leur précédente union. Hormis des problématiques spécifiques qui dépasseraient le cadre de ce livre, les enjeux de la famille recomposée entre partenaires homosexuel(le)s sont les mêmes qu'entre partenaires hétérosexuels. Ce livre s'adresse à tous.

I

QUE VOUS SOYEZ MÈRE OU BELLE-MÈRE…

Un jour, un homme a fait battre votre cœur. Vous n'y croyiez peut-être plus... Il était veuf ou divorcé, il avait des enfants. Petit à petit, surmontant vos doutes et vos appréhensions, vous avez appris à vous connaître ; l'amour s'est invité dans votre relation. Vous avez décidé de faire un bout de chemin ensemble : tout recommencer, espérer à nouveau, être enfin heureuse...

Votre compagnon est le père, vous êtes la belle-mère

Ainsi vous êtes entrée dans son cercle familial. En votre for intérieur, vous saviez que gagner l'affection de ses enfants ne serait pas chose facile, mais vous étiez convaincue que l'harmonie ne pouvait qu'être la suite logique de la belle histoire que vous étiez en train d'écrire. L'amour peut tout, n'est-ce pas ? À cette époque, vous étiez sereine et confiante... mais peut-être aussi un peu naïve et à des années-lumière de la réalité !

Voilà deux ans que vous vous êtes mariés. Votre mari part très souvent en voyage d'affaires à l'étranger. Son fils de 14 ans – votre beau-fils – a encore laissé la salle de bains dans un état hallucinant. Ravalant votre colère, vous allez le voir dans sa chambre, lui demandant, pour la énième fois, de nettoyer après son passage. Il reste penché sur sa page Facebook. Vous battez en retraite, bouillant de rage et d'impuissance, et vous rangez vous-même le désordre qu'il a laissé derrière lui...

Votre belle-fille de 13 ans s'entend relativement bien avec vous... mais elle ne cesse de vous comparer à sa mère quand elle vient le week-end : ce que vous préparez à déjeuner est toujours moins bon ; elle commente les efforts de décoration de votre nouvel appartement avec un dédain à peine dissimulé ; elle ponctue vos conversations de petites piques désobligeantes... Certes, vous vous dites que cette enfant a souffert du divorce de ses parents, qu'il est normal qu'elle se montre un peu agressive à votre égard. Vous essayez de vous convaincre qu'il n'y a là rien de grave... sauf que son comportement vous touche plus que ce que vous voulez bien reconnaître. Ces mini-agressions vous empêchent d'être détendue face à elle. Mois après mois, chaque veille de week-end où elle doit venir chez vous, vous ressentez cette inconfortable boule d'angoisse dans le ventre. Vous n'osez pas en parler à votre compagnon. Il ne comprendrait pas et se vexerait peut-être, pensant que vous n'appréciez pas sa fille. Alors vous préférez vous taire... Mais vous êtes perplexe et un peu déroutée : comment une adulte comme vous peut se retrouver, à 43 ans, sous l'emprise psychique – subtile mais bien réelle – d'une petite jeune fille de 13 ans ? C'est le monde à l'envers !

Comment en êtes-vous arrivée là ? Comment des relations aussi pénibles ou difficiles ont-elles pu s'installer entre vous et vos beaux-enfants, en dépit de vos efforts pour que les choses se passent au mieux ? Y a-t-il quelque chose que vous n'avez pas vu ou compris ? Pourquoi votre nouvelle vie avec votre compagnon et ses enfants doit-elle être si compliquée, alors que, sur le papier, tout semblait réuni pour réussir cette famille recomposée ?

Un avenir nécessairement sombre ?

Un des objectifs de ce livre est de vous rassurer sur votre santé mentale : vous n'êtes ni méchante, ni mesquine, ni incohérente ! Mais il est possible que vous soyez coupée de vous-même car happée par une histoire qui vous dépasse. La vérité est que vous vous retrouvez dans une relation qui ne ressemble à rien de ce que vous avez connu auparavant. Votre nouveau compagnon a un ou plusieurs enfants et, que vous-même en ayez ou non, cette situation vous confère le statut de belle-mère. *Belle-mère*, mot connoté par tant de préjugés...

Quand vous étiez petite, vous vous rêviez plutôt Blanche-Neige ou Cendrillon, victime d'une folle furieuse qui vous volait l'amour de votre père. Vous n'auriez jamais imaginé devenir cette belle-mère odieuse qui, de Grimm à Perrault, déclenche la peur et la colère des enfants. Or c'est avec ce poids issu de l'inconscient collectif que vous entrez aujourd'hui dans cette famille qu'on vous demande de recomposer. Que savez-vous réellement du statut de belle-mère ? Qu'implique-t-il véritablement ? Y a-t-il des bonnes et des mauvaises façons de procéder ? Quels sont les pièges ? Comment ne pas se perdre en route ?

Avant d'aller plus loin, il convient de rappeler que la discorde entre belle-mère et beaux-enfants n'est pas toujours du fait de ces derniers, loin s'en faut ! Il existe des femmes qui sont vraiment hostiles ou odieuses envers les enfants de leur conjoint. Par exemple, elles entrent dans une compétition acharnée avec eux ou se désintéressent totalement de leur existence, par une démarche volontaire visant à les exclure de leur couple. Dans de telles conditions, il est logique que les enfants ripostent, et ces femmes se mettent à les critiquer amèrement pour leurs comportements inacceptables... Bien entendu, cet ouvrage ne concerne pas ces personnes : il présuppose en effet que vous qui lisez ces lignes, êtes dans le sincère désir de créer un lien de qualité entre vous et vos beaux-enfants.

Autre point important : même si nous allons aborder le vécu de la femme, belle-mère des enfants de son partenaire, ces explications peuvent s'appliquer aux hommes, beaux-pères des enfants de leur épouse, à quelques spécificités près que nous aborderons au prochain chapitre.

Devenir belle-mère exposerait-il nécessairement à des difficultés relationnelles avec les enfants, leur père et leur mère ? Non, bien évidemment, mais il est certain que votre posture est malgré tout délicate. Bon nombre d'obstacles potentiels se dressent sur votre chemin. Dans ce livre, de nombreux témoignages peuvent laisser penser que la constitution de la famille recomposée est un parcours du combattant, mais il serait faux d'affirmer que c'est toujours le cas : j'ai recueilli de très beaux récits de recompositions harmonieuses, chacun y trouvant son compte, en respectant profondément les différents membres de la nouvelle configuration. C'est ce que Claudia a eu la chance de vivre.

« Je me souviendrai toujours du jour où j'ai rencontré les trois filles de mon compagnon. Elles avaient à l'époque 4, 6 et 8 ans. C'était un week-end et je devais les retrouver en Normandie. Quand le train est entré en gare, j'ai paniqué. Ils m'attendaient tous les quatre sur le quai ! J'ai pris mon courage à deux mains et je suis descendue du train, le souffle court et la gorge nouée. Et là, le miracle s'est produit : nous sommes tombées sous le charme les unes des autres. Les filles se sont précipitées vers moi et j'ai senti mon cœur bondir de tendresse vers elles ! Quelque chose s'est scellé entre nous ce jour-là et, trois ans plus tard, nous nous aimons toujours autant. Elles font partie de ma vie et je fais partie de la leur. C'est au-delà de ce que je pouvais espérer vivre ! »

N'oubliez jamais qu'en dépit des difficultés rencontrées, rien n'est définitivement gravé dans le marbre en ce qui concerne vos relations avec vos beaux-enfants. Les situations les plus bouchées ou les plus inextricables peuvent, avec le temps, se dénouer au-delà de ce qu'on aurait pu imaginer.

« Les relations avec ma belle-fille étaient extrêmement difficiles quand elle était adolescente, se souvient Corinne, 58 ans. Elle était sans arrêt en guerre contre moi. Mais j'ai tenu bon : je ne l'ai jamais rejetée et j'ai toujours été attentive et aimante dans mes rapports avec elle. Des années plus tard, quand elle a eu son premier enfant, c'est moi qu'elle a appelée pour me demander conseil. Elle m'appelait, moi, et pas sa propre mère ! J'étais émue aux larmes et très touchée qu'elle me manifeste une telle confiance. C'était inespéré. Aujourd'hui, il s'est instauré entre nous une relation très douce et intime. Je n'aurais jamais cru cela possible il y a quelques années. »

« Quand mon mari est décédé, explique Élisabeth, 64 ans, ses deux enfants m'ont entourée de leur affection, alors que, pendant des années, ils m'avaient traitée avec indifférence – parfois même avec mépris. Je ne sais pas... peut-être ont-ils été touchés de voir combien je me dévouais à leur père dans les derniers temps de sa vie ? C'est comme s'ils me voyaient pour la première fois. Le soir du premier Noël sans leur père, sa fille s'est approchée de moi dans la cuisine et m'a demandé pardon pour le mal qu'elle m'avait fait quand elle était jeune. "Je ne savais pas", m'a-t-elle dit. On a pleuré dans les bras l'une de l'autre. Depuis, on s'appelle très régulièrement. Elle m'accompagne dans mon deuil avec beaucoup de bonté et de bienveillance. »

Vous voyez : on ne sait jamais...

Une préparation nécessaire, pour anticiper

Relever le défi de la famille recomposée ne s'improvise pas. D'où l'idée qu'il est essentiel de *se préparer* aux difficultés potentielles inhérentes au statut de belle-mère. Même si cela peut paraître un peu surprenant, c'est une étape essentielle qu'il est important de ne pas sous-estimer.

Que vous soyez divorcée ou veuve, avec ou sans enfant, il est périlleux de supposer que ce qui vous attend va être semblable à ce que vous avez déjà connu par le passé. C'est encore plus vrai si vous étiez célibataire avant votre rencontre.

> « J'avais tout préparé pour notre lune de miel à Florence, raconte Carole, 45 ans, aujourd'hui divorcée. Un hôtel de rêve dans une ville merveilleuse, des escapades gourmandes dans la campagne toscane... Le lendemain de notre arrivée, mon mari a reçu un appel en catastrophe de son ex-épouse : leur fille de 14 ans menaçait de se suicider – elle ne supportait pas le remariage de son père –, il devait rentrer au plus vite à Paris ! J'étais folle : je voyais clairement la manipulation de cette femme, mais mon mari semblait totalement aveugle. Il a plongé tête baissée, sans aucune distance ! Il a pris le premier avion en me promettant de revenir le lendemain... ce qu'il n'a pas fait. Je l'ai rejoint plus tard à Paris. J'avais rêvé d'instants magiques où nous serions présents l'un pour l'autre dans une belle intimité et je me retrouvais à dîner seule sur les rives de l'Arno, en me demandant avec angoisse dans quelle histoire je m'étais fourrée... »

« Après mon divorce, je n'aspirais qu'à une chose : vivre une relation paisible, explique Messina, 47 ans. J'avais eu mon compte de violence et de stress avec mon ancien mari. Quand j'ai rencontré Pierre, il correspondait en tout point à ce que je souhaitais. Il était, à mes yeux, l'homme idéal. Nous nous sommes installés ensemble très rapidement, sans vraiment réfléchir à ce que pouvait signifier pour moi le fait de vivre vingt-quatre heures sur vingt-quatre avec ses filles, deux ados de 15 et 17 ans. Dès le premier jour, je me suis rendu compte de mon erreur : rien ne serait comme je l'avais imaginé... Je me suis immédiatement sentie critiquée et épiée dans mes moindres gestes par ces jeunes filles. Je stressais à l'idée de faire quelque chose qui m'aurait mise en porte-à-faux par rapport à elles. Je ne m'attendais pas un seul instant à rencontrer tant de difficultés en vivant avec cet homme que j'aime pourtant si fort... »

Il faut donc se préparer. Mais pourquoi est-ce nécessaire ?

Parce que *vous n'avez pas besoin des enfants de votre compagnon et ils n'ont pas besoin de vous* ! Or le fait est que vous devez maintenant vivre ensemble, que ce soit par intermittence ou à plein temps, tout en partageant une certaine intimité. La relation que vous construisez avec votre compagnon résulte d'un choix de votre part, mais la relation qui en découle avec ses enfants n'est ni désirée ni choisie par vous, pas plus qu'eux ! Ainsi, même pleine de bonne volonté et animée d'un authentique désir de bien faire, vous partez, la plupart du temps, avec un certain handicap.

Il ne s'agit pas de vous en tant que personne

Il est essentiel que vous compreniez que, dans une très large proportion, les difficultés relationnelles que vous rencontrez avec vos beaux-enfants ne concernent pas fondamentalement votre personne ou votre personnalité en tant que telle. Elles découlent principalement de la configuration familiale dans laquelle vous vous trouvez. C'est la structure même des interactions qui s'opèrent au sein d'une famille recomposée qui génère quasi automatiquement les difficultés relationnelles que vous pensez, à tort, être les vôtres en propre. Votre statut de belle-mère est, en soi, un statut compliqué à vivre, *indépendamment de qui vous êtes*. En d'autres termes, c'est la *place singulière* que vous occupez aujourd'hui dans cette famille qui pose problème, non pas vous en tant que personne. Il est capital que vous intégriez cette donnée !

Toute nouvelle compagne de cet homme avec enfants se confronterait exactement aux mêmes difficultés relationnelles que celles que vous rencontrez aujourd'hui ! La preuve en est que l'immense majorité des belles-mères, de New York à Sydney, font l'objet des mêmes reproches et des mêmes attaques de la part des enfants de leur nouveau compagnon, quels que soient le degré et l'intensité de ces agressions. De fait, on constate qu'il existe une sorte de *schéma* universel et stéréotypé derrière les comportements hostiles des enfants à l'égard de leur belle-mère : là encore, dans la plupart des cas, ce n'est pas une question d'individu ni de personne, c'est « simplement » une question de place dans cette nouvelle famille. Comprendre cela aide à *dépersonnaliser* les agressions dont on est la cible.

Partager l'homme que vous aimez

Dès les premières rencontres avec les enfants de votre compagnon, vous réalisez que *vous devez le partager avec eux,* d'autant que ces charmants petits mettent parfois un point d'honneur à vous signifier que vous n'êtes pas la bienvenue !

Votre compagnon et vous êtes installés sur le canapé, main dans la main, en train de regarder la télévision. Brusquement, sa petite fille de 6 ans vient s'asseoir entre lui et vous. Elle vous pousse sans ménagement, retire votre main de celle de son père, la saisit et vous regarde avec défiance... Vous souriez de la façon la plus gracieuse possible, alors que vous êtes profondément surprise par son comportement. Vous jetez un coup d'œil furtif à votre compagnon. Il va réagir, n'est-ce pas ? Il va évidemment dire quelque chose à cette petite peste qui vous mène une vie d'enfer depuis le début du week-end...
Mais rien ne se passe. Il reste impassible et serre même avec tendresse sa petite contre lui. Elle se blottit dans ses bras, en vous décochant un regard victorieux. Désarçonnée, vous vous concentrez tant bien que mal sur ce film dont vous avez irrémédiablement perdu le fil. Bien que vous ne laissiez rien transparaître, vous êtes troublée, blessée, en colère contre cette enfant et également contre votre compagnon. Mais vous vous taisez : cela pourrait être mal interprété – comme chaque fois. La situation est déjà

suffisamment délicate... Alors vous restez silencieuse, et tentez de mettre un mouchoir sur votre tourment...

Une autre déconvenue vous attend si les enfants de votre compagnon vivent avec leur mère, sans garde alternée. Vous pensez peut-être qu'ils ne tiendront pas une trop grande place dans votre vie : ils ne seront là qu'un jour par semaine, un week-end sur deux et la moitié des vacances scolaires. Ça devrait aller. Vous estimez que votre vie de couple ne devrait pas être trop affectée par ces enfants qui vivent suffisamment loin de vous. Détrompez-vous : ils seront extrêmement présents dans votre vie. Autant intégrer au plus vite cette nouvelle réalité.

« Mon mari m'avait fait la surprise de m'emmener en week-end dans un très joli hôtel au bord de la mer, en baie de Somme, raconte Sandra, 35 ans. Le dimanche matin, nous étions en train de faire l'amour quand son téléphone a sonné. Dès qu'il a vu que c'était un appel de son fils, il a tout arrêté pour décrocher : "Bonjour, mon cœur, comment vas-tu ?... Non, non, tu ne me déranges pas... Les clés du garage ? Elles sont dans le tiroir du petit meuble dans l'entrée... Bon... C'est bien... Je t'embrasse, mon chéri. Je rentre tôt ce soir, ne t'inquiète pas. Bisous." Je me suis forcée à reprendre nos caresses après cet appel mais j'étais troublée et un peu triste. Une petite voix me disait : "Bon, ça va être comme ça maintenant. C'est à prendre ou à laisser." »

Votre nouveau statut de belle-mère implique que vous devez accepter l'idée de partager votre homme avec ses enfants. Cela ne signifie pas uniquement apprendre à vivre avec eux, cela veut dire aussi que vous devez prendre en compte des personnes que vous n'avez pas choisies dans l'élaboration de vos projets de vie avec votre compagnon.

> « Au début, se souvient Kara, 35 ans, c'était un peu bizarre de devoir se cacher dans la cuisine pour s'embrasser quand les enfants de mon ami venaient le voir. Mais je préférais que ça se passe ainsi : j'évitais le regard désapprobateur de sa fille de 10 ans qui me lançait des poignards quand son père et moi manifestions de la tendresse devant elle. »

Cette situation marque une différence majeure avec une relation « classique » où, après un temps plus ou moins long de vie amoureuse à deux, on décide de faire un enfant. On se sent prêt. Cette démarche est progressive et donne à chacun le temps nécessaire pour s'ajuster. Il n'en va pas de même lors d'une nouvelle union avec un partenaire qui a déjà un ou plusieurs enfants : ce temps d'ajustement n'existe pas. Il faut d'emblée partager son partenaire avec ses petits, sans transition. De son côté, lui doit passer d'un amour exclusivement focalisé sur ses enfants à un partage d'amour avec vous. Il n'est pas étonnant que ses enfants n'acceptent pas facilement cette nouvelle donne et qu'ils se sentent dépossédés, manifestant leur désaccord d'une façon ou d'une autre.

Quand l'homme aimé est veuf

Le divorce met un terme à une relation qui ne fonctionne plus. Cette décision est réfléchie, douloureuse, source de conflits et de rancœurs qui persistent parfois pendant des années, mais au moins les choses sont claires.

Quand le lien d'amour est en revanche interrompu par la mort, après un accident ou une longue maladie, l'amour ne disparaît pas pour autant. Après quelques années, à l'issue du processus de deuil, il n'est pas rare que réémerge, pour la personne en deuil, le désir de rencontrer quelqu'un, de retrouver la chaleur d'une présence aimée et aimante. Apparaît alors une personne que l'on apprend à aimer... Comment arriver à trouver sa place auprès d'un partenaire dont la blessure n'est pas cicatrisée ?

Même s'il est encore meurtri et plein de doutes, un homme veuf pourra accueillir avec bonheur et soulagement cette nouvelle compagne qui lui apporte la tendresse dont il a tant besoin. Elle porte la promesse d'un nouveau départ, mais aussi celle d'un nouvel équilibre pour sa famille – c'est du moins ce qu'il espère. Après des années difficiles, il veut croire que cette femme pourra apaiser ses enfants et leur apporter ce qu'il ne parvient pas à leur donner. Ses attentes sont légitimes mais elles se heurtent à la complexité des sentiments : il se découvre soudain coupable d'aimer à nouveau, comme s'il était infidèle à son épouse décédée, comme s'il la trahissait, en offrant à une autre femme ce qu'il avait autrefois donné de façon exclusive.

« Quand j'ai rencontré Alain, se souvient Zoé, 36 ans, il avait perdu son épouse d'un cancer du sein trois ans auparavant. Je le sentais amoureux de moi et c'était réciproque, mais quand nous passions de beaux moments ensemble, je me disais que je ne serais pas là avec lui si son épouse n'était pas décédée... Pendant longtemps, je me suis sentie "à défaut de mieux" dans sa vie, à la deuxième place. Je craignais aussi qu'il ait cherché en moi une deuxième mère pour s'occuper de sa fille... Au fil du temps, j'ai mûri. J'ai compris qu'un homme ou une femme aime toujours la compagne ou le compagnon qu'il a perdu et que, quand on vient après, il y a toujours un petit bémol dans la manière de se sentir aimé. Mais je crois que le cœur est suffisamment vaste pour contenir deux grands amours, sans que l'un fasse de l'ombre à l'autre. C'est ainsi : je l'ai accepté. Et cela en vaut la peine, car je suis aujourd'hui très heureuse avec lui. »

L'homme veuf se confronte à la peur de ne pas être à la hauteur vis-à-vis de ses enfants, maintenant qu'il est seul à veiller sur eux ; il se sent coupable d'avoir envie d'aimer à nouveau, craignant que ses enfants le jugent négativement :

« Maman t'a rendu heureux, non ? lance une adolescente après avoir rencontré la nouvelle compagne de son père. C'est indécent de vouloir la remplacer ! Tu as eu du bonheur avec maman, non ? Alors, c'est bon, là ! Nous, on est là ! Tu veux quoi de plus maintenant ? On n'a pas besoin d'elle. »

Cette culpabilité peut amener le père à adopter involontairement des attitudes blessantes, par exemple en excluant sa compagne de certaines réunions de famille : « Tu comprends, je ne veux pas faire du mal aux enfants. S'ils te voient à mes côtés... ça a toujours été la place de leur mère. »

Une mère présente à tout jamais

Si vous rencontrez un homme ayant perdu son épouse, il est essentiel que vous intégriez au plus vite que cette femme va faire partie de votre vie. Certes, elle le sera de façon distanciée, mais sa présence se fera immanquablement sentir dans vos relations avec vos beaux-enfants, surtout au début.

Comprenez que l'enfant a peur que vous effaciez sa mère dans l'esprit de son père. Il peut vous percevoir comme une anomalie, comme quelque chose qui ne devrait pas être, comme si vous preniez une place qui revient de droit à sa mère, comme si vous construisiez votre bonheur sur sa mort. Cela peut rendre difficile le fait de vous aimer, même si une partie d'eux-mêmes en a envie : certains enfants ont l'impression de trahir leur mère s'ils acceptent d'accueillir dans leur vie la nouvelle compagne de leur père. Même si leur mère est décédée, ils se refusent à aimer la nouvelle venue, comme s'ils devaient arracher l'amour qu'ils portaient à leur mère pour le donner à une autre femme. Par chance, je constate que, au fil des années, ces positions ont tendance à s'infléchir dans le bon sens.

La mort conduit beaucoup d'enfants à idéaliser leur maman disparue. Aucune autre femme ne pourra être à sa hauteur... surtout pas cette belle-mère qui prétend prendre sa place ! De plus, l'enfant orphelin ne sera plus jamais en conflit avec son parent décédé, ce qui rendra d'autant plus vifs les conflits qui l'opposeront à sa belle-mère. Ces réactions se retrouvent à l'identique quand c'est le père qui décède : sa veuve et ses enfants auront facilement tendance à idéaliser ce mari et père disparu.

Quand on fait connaissance avec ces enfants, il est sage de reconnaître la présence de la mère disparue, en signifiant clairement qu'on ne cherchera pas à la faire oublier. Sans trop en faire et sans vous nier vous-même, vous gagnerez le respect et la gratitude de cette famille si vous veillez à préserver la mémoire de cette épouse, de cette maman disparue. Du mieux que vous le pouvez, encouragez le dialogue si les enfants y sont ouverts ; s'ils n'ont pas envie d'en parler avec vous, n'en prenez pas ombrage et respectez leur souhait, sans chercher à leur forcer la main. Demandez aux enfants de vous parler d'elle, mais ayez conscience que vous marcherez sur des œufs. Le fait que vous, vous évoquiez leur mère peut être vécu comme déplacé, malvenu ou hors de propos. Proposez avec tact de commémorer avec leur père les dates anniversaires (sa date de naissance ou la date de son décès), mais gardez à l'esprit qu'ils auront peut-être envie de se retrouver seuls, sans vous, pour cette occasion particulière. Le cas échéant, ne le prenez pas comme une nouvelle preuve d'exclusion, car il ne s'agit vraiment pas de cela !

Des attentes illusoires

Dans les difficultés que vous pouvez rencontrer en tant que belle-mère, certaines ne sont pas du fait de vos beaux-enfants, mais tiennent à votre manière de concevoir et d'appréhender votre nouveau rôle. Elles concernent vos *propres attentes* sur la façon de vivre cet état. Bon nombre d'entre elles sont en effet souvent erronées, inappropriées, voire totalement irréalistes.

• « *Je ne serai pas la méchante belle-mère.* » Nous l'avons déjà vu : l'archétype négatif des marâtres des contes de notre enfance reste fermement ancré dans les esprits.

> « Je me suis rendu compte que je faisais énormément d'efforts vis-à-vis de mes deux beaux-fils pour ne pas tomber dans le cliché de la méchante belle-mère, explique Alexandra, 39 ans. Ce n'était pas vraiment conscient au début. Mais quand ma sœur a pointé du doigt que j'acceptais tout et n'importe quoi de leur part, j'ai compris que je redoutais tellement de tomber là-dedans que je me niais moi-même pour être le plus gentille possible à leurs yeux : je les laissais être insolents et capricieux ; je m'interdisais de les gronder quand ils faisaient des bêtises ; je devenais très laxiste, alors que j'étais blessée ou offusquée par leurs comportements. Il m'a fallu du temps avant de changer d'attitude mais j'y suis arrivée. Je me sens maintenant libérée de cette contrainte intérieure qui m'apparaît aujourd'hui complètement absurde. J'ai repris les choses en main et je ne suis plus déstabilisée quand je les gronde et qu'ils crient : "T'es méchante !" »

Comme Alexandra, certaines femmes ont tellement peur de passer pour des marâtres qu'elles n'osent rien imposer à leurs beaux-enfants. Elles essaient de ne rien faire qui pourrait les offenser ou les braquer. Cela les conduit parfois à se mettre en contradiction avec elles-mêmes : alors qu'elles réprimandent leurs propres enfants s'ils se comportent mal, elles laissent faire les enfants de leur compagnon et ne haussent pas le ton quand ils dépassent les bornes. Ce n'est pas une bonne stratégie : d'une part, cette attitude crée un sentiment d'injustice chez ses propres enfants ; d'autre part, les beaux-enfants en arrivent à penser qu'ils ont un pouvoir sur cette femme qui ne réagit pas et ne s'oppose pas à leurs débordements. Sous le joug de la peur, la belle-mère perd une part de l'autorité dont elle a pourtant besoin pour les contenir et les éduquer.

• « *Je serai la super belle-mère.* » En campant le rôle de la belle-mère parfaite, certaines femmes espèrent faire pencher la balance en leur faveur. Sans en avoir conscience, elles se soumettent à une énorme pression, allant jusqu'à prendre sur leurs épaules la responsabilité du bonheur de tous les membres de la famille. Dans un souci d'excellence, elles se désignent comme celles qui vont apporter la paix à ces enfants qui ont tant souffert, celles qui vont restaurer les liens familiaux abîmés par le divorce ou la mort, celles qui vont s'oublier pour répondre aux besoins de chacun, au détriment des leurs, par un fébrile espoir de trouver enfin leur place au sein de cette tribu où elles se sentent intruses : « Je vais tout faire pour vous », suggère leur attitude. « Je vais m'oublier et faire passer en dernier mes propres besoins. En échange, j'espère que vous allez me donner le droit d'exister dans votre famille. J'espère que vous allez m'accepter et que, peut-être, vous allez m'aimer, me respecter et reconnaître avec gratitude tout ce que je fais pour vous... »

Quelle que soit votre motivation, vous sacrifier pour obtenir l'amour ou l'approbation de vos beaux-enfants risque d'être voué à l'échec. Ce n'est pas une stratégie qui fonctionne. Bien au contraire, c'est la porte ouverte à la perte de l'estime de soi. Certains sacrifices sont évidemment acceptables et souvent nécessaires pour arrondir les angles et débloquer une situation, mais vous ne pourrez pas être heureuse à long terme si vous prenez le parti de vous oublier systématiquement pour trouver votre place au sein de la famille. Ne cherchez pas à être parfaite, ne cherchez pas à être quelqu'un que vous n'êtes pas, ne vous trahissez pas ! Personne ne vous demande de compenser quoi que ce soit : vous n'avez pas à vous charger de réparer des dégâts psychiques dont vous n'êtes pas à l'origine. Vous n'avez pas à vous poser en sauveuse de ces enfants, ni même de votre conjoint d'ailleurs.

Plus que tout, évitez de tomber dans des tentatives de *séduction* vis-à-vis des enfants. S'ils se rendent compte que vous essayez de gagner leurs bonnes grâces en leur accordant des privilèges inappropriés ou en tentant de les acheter par de multiples cadeaux, ils mettront à bas vos stratégies de manipulation (car c'est bien de manipulation qu'il s'agit) et cela rendra vos relations encore plus compliquées. Ne vous étonnez pas s'ils essaient de vous manipuler à leur tour ! N'en faites donc pas trop. Soyez simplement fidèle à ce que vous êtes, avec le plus de souplesse et le plus d'intelligence possible. C'est une condition indispensable pour ne pas être abusée et ne pas vous négliger vous-même.

• « *Je serai comme une mère pour ses enfants.* » L'idée est séduisante a priori : devenir comme une mère pour les enfants de votre conjoint, les considérer comme vos propres enfants, avec l'espoir secret qu'en retour ils vous considéreront un peu comme leur maman. Cet espoir peut être d'autant plus fort que vous n'avez pas d'enfant. Ce serait là une bien belle histoire... Mais, aussi doux soit-il, votre rêve se heurte à une réalité : ces enfants ne sont pas vos enfants, ils ont déjà une maman et vous ne pourrez jamais tenir cette place – d'où, très souvent, le désir d'avoir un enfant pour vous-même !

Il existe certaines exceptions.

— Si l'enfant est un bébé quand sa mère décède, il n'aura aucun souvenir conscient d'elle. Si vous élevez cet enfant avec son père, vous serez sa seule figure maternelle. Sans pour autant vous confondre avec sa mère, vous aurez néanmoins une place de maman à ses yeux, au point même de souhaiter vous appeler « maman ». Une discussion de fond s'impose avec votre conjoint pour s'assurer que vous et lui êtes d'accord sur ce point. Le père peut, en effet, avoir la douloureuse impression que son enfant « efface » ou « oublie » sa véritable mère – et donc son ancienne épouse.

— Il en va de même si l'enfant – souvent un jeune enfant de 4 à 9 ans – a une mère totalement absente, maltraitante ou négligente. Il aura viscéralement besoin d'une figure maternelle positive et aimante, en plus de celle de son père. Si vous le décidez et *si l'enfant vous choisit en retour pour tenir ce rôle,* vous pourrez être cette personne. Il doit être clair pour vous que cela doit être avant tout l'expression de *son* désir – et pas uniquement l'expression du vôtre. Si vos deux désirs se rencontrent, il peut alors être doux de s'abandonner au besoin d'amour de ce petit enfant, en vous autorisant à agir comme une maman pour lui. Néanmoins, soyez prudente : n'oubliez jamais que cet enfant a une mère et qu'il est inexorablement lié à elle. Aussi dysfonctionnelle soit-elle, elle a une place indélébile dans sa vie.

— Enfin, si l'enfant n'est pas un bébé mais que sa mère est décédée, il peut éventuellement transférer sur vous son besoin d'être aimé par une figure maternelle qu'il pourra assimiler à une mère, sans se leurrer sur le fait qu'elle ne l'est pas. Son besoin de sécurité peut s'en trouver comblé. Là encore, s'il vous y invite et que vous acceptez ce rôle, vous aurez la belle opportunité d'avoir une place déterminante dans la construction de ce petit être.

En dehors de ces situations, il est prudent et sage de vous positionner très clairement dès le début : « Je ne suis pas la mère de ces enfants. Les enfants de mon compagnon ont déjà une mère, qu'elle soit vivante ou décédée, et je ne pourrai jamais la remplacer, quels que soient les soins que je serai amenée à leur prodiguer. » Il est sain de se le rappeler sans cesse car, sans cette prise de conscience, vous vous exposez à la frustration d'attendre quelque chose qui ne viendra peut-être jamais.

> « Quelque chose m'a déconcertée après treize ans de vie avec mes beaux-enfants, raconte Sylvie, 46 ans. Après son divorce, mon mari a reçu la garde de ses deux fils, son épouse ayant décidé d'aller vivre à l'étranger avec son nouveau mari. À mes yeux, elle abandonnait ses enfants, mais elle ne semblait pas le voir comme ça. J'ai donc pris en charge l'éducation de mes beaux-enfants, qui avaient 8 et 11 ans à l'époque. J'ai été comme une mère pour eux et ils ont toujours été très gentils et aimants avec moi. Pourtant, tout récemment, quand le grand s'est marié, il a exigé que sa mère se tienne à la droite de son père à l'église. J'en ai été soufflée car je pensais que ce serait ma place ! Quand j'ai manifesté mon mécontentement, il m'a regardé, étonné : "Mais enfin, Sylvie, c'est ma mère tout de même ! C'est normal qu'elle soit à côté de mon père le jour de mon mariage. Pourquoi tu réagis comme ça ?" J'étais blessée à un point que vous ne pouvez pas imaginer. »

On ne peut pas ignorer néanmoins que certaines femmes entrent, plus ou moins consciemment, dans une *dynamique de toute-puissance* : en dépit du fait qu'elles ne sont pas mères de leurs beaux-enfants, elles se positionnent pourtant comme telles ; pis encore, elles mettent un point d'honneur à se montrer « parfaites » et se posent très clairement en *rivales* de la mère de leurs beaux-enfants, jetant sur elle un regard parfois impitoyable. Cette attitude est plus souvent le fait de belles-mères qui n'ont pas d'enfant elles-mêmes. S'agirait-il d'une sorte de jalousie inconsciente, qui ferait critiquer la mère quand on ne l'est pas soi-même ? Ou d'une idéalisation de la fonction maternelle en méconnaissant que si un jour on est mère à son tour, la réalité se chargera de démontrer qu'il est impossible d'être parfaite ?

Quoi qu'il en soit, c'est une position extrêmement difficile à supporter pour les enfants. Ce sentiment de rivalité se retrouve aussi chez certains beaux-pères qui essaient coûte que coûte d'être « supérieurs » en tout point au père de leurs beaux-enfants. La vérité est qu'il existe des beaux-parents vraiment insupportables...

• « *Je dois aimer mes beaux-enfants.* » Dans notre société, on considère qu'une femme doit nécessairement aimer les enfants – les siens évidemment, mais également tous les autres, donc ses beaux-enfants. Adhérez-vous à cette idée ? Peut-être que oui, dans l'absolu. Mais quand il s'agit de vos beaux-enfants, c'est une autre histoire...

> « Quand mon compagnon et moi avons décidé de vivre ensemble, je ne connaissais pas encore très bien Clara, sa fille de 11 ans, se souvient Hermine, 39 ans. J'avais moi-même un garçon de 7 ans dont j'avais la garde. J'ai vite compris que je n'allais pas bien m'entendre avec cette petite fille qui se comportait comme une princesse capricieuse quand elle venait en week-end chez nous. J'avais honte de ne pas aimer cette enfant. OK, elle

était mignonne et ce n'était pas conflictuel entre nous, mais je ne ressentais rien pour elle. Cela fait trois ans que je vis avec son père et je n'y arrive toujours pas : en dépit de mes efforts, je ne parviens pas à l'aimer. Mon mari s'en rend compte et ça lui fait évidemment de la peine, mais il me dit qu'on ne peut forcer l'amour – s'il n'est pas là, il n'est pas là ! C'est un peu triste mais c'est comme ça... Quoi qu'il en dise, je me sens toujours un peu coupable vis-à-vis de cette enfant. »

J'ai reçu beaucoup de confidences de belles-mères qui culpabilisaient de ne pas aimer leurs beaux-enfants. Certaines m'ont avoué se sentir obligées de feindre de l'affection pour donner le change. Et pourtant, n'est-il pas normal de ne pas se sentir maternelle envers *tous* les enfants ? Certes une femme peut manifester beaucoup d'affection à un enfant qui n'est pas le sien. Mais peut-elle être vraiment *maternelle* avec d'autres enfants que les siens ? Peut-elle par exemple accepter d'eux autant de choses que de la part des siens ? Peut-elle encaisser autant ?

Il est donc prévisible et presque logique que vous n'aimiez pas les enfants de votre compagnon comme vous aimeriez les vôtres ! Il n'y a rien de négatif dans ce constat. C'est un fait. Vous avez choisi d'aimer un homme, vous n'avez pas choisi ses enfants.

« C'est terrible à dire, mais je n'aime pas du tout le fils de mon mari, avoue Stéphanie, 37 ans. Je le trouve mou et gnangnan. À 7 ans, il se comporte comme un gros bébé et ça m'énerve. Il m'arrive d'être un peu agressive avec lui quand il ne veut pas se bouger pour faire des activités avec nous. Je n'ai pas été élevée comme ça. J'essaie d'être douce et de ne pas trop lui montrer mon irritation, parce que finalement il est ce qu'il est, mais je trouve difficile de l'aimer et je me sens très coupable vis-à-vis de lui et de son père. »

On ne force pas l'amour. S'il est là, c'est formidable, mais si ce n'est pas le cas, ce n'est pas la fin du monde. De plus, on aime rarement ses beaux-enfants dès les premiers instants. Les apprécier demande du temps et de la patience ; cela peut prendre des mois, voire des années ! Il est important de ne pas se forcer et de ne pas adopter un comportement artificiel. L'enfant n'est pas stupide : si votre attitude « maternelle » est en réalité un leurre, il le percevra intuitivement. Par ailleurs, le fait de ne pas aimer d'amour vos beaux-enfants ne signifie pas une absence d'attention, de respect ou même d'une certaine tendresse à leur égard. Cela ne veut pas dire que vous ne vous préoccupiez pas d'eux ou que vous n'ayez pas à cœur leur bien-être. Vous n'avez pas d'atomes crochus avec eux, mais cela n'est pas incompatible avec une relation pacifiée entre vous.

Vous retrouverez peut-être cette problématique quand votre beau-fils ou votre belle-fille deviendra parent. De nombreux beaux-parents se font alors le reproche de ne pas aimer ce tout-petit comme un authentique petit-enfant.

« Quand ma belle-fille a donné naissance à un adorable petit garçon, raconte Maryse, 49 ans, mon compagnon s'est réjoui que nous devenions grands-parents. Je n'ai pas osé le contredire, mais je ne me sentais pas grand-mère : cet enfant n'était pas mon petit-fils, mais mon beau-petit-fils... La différence m'a éclaté au visage quand mon propre fils a eu son premier enfant : là, je me suis sentie totalement grand-mère ! »

Cela dit, votre place dans la famille vous amènera très souvent à vous *comporter* de façon maternelle ou maternante. Par exemple, les enfants de votre mari arrivent chez vous pour les vacances de la Toussaint, vous devez assurer la logistique et l'intendance de tout ce petit monde. Vous vous retrouvez dans une posture de « mère au foyer ». Pour les enfants, il est normal que vous fassiez les courses et prépariez les repas, que vous nettoyiez leurs vêtements, que vous teniez la maison propre, que vous preniez soin d'eux quand ils se coincent le doigt dans la porte ou s'écorchent les genoux en tombant de leur skateboard. Votre compagnon nourrit parfois cette même attente, sans s'en rendre compte : que vous vous occupiez de lui et de ses enfants fait partie d'un accord tacite qui n'est jamais clairement discuté en amont. Beaucoup d'hommes s'imaginent d'ailleurs qu'avec une nouvelle compagne, ils vont retrouver le confort de vie de leur ancien foyer !

Faut-il alors s'étonner si de nombreuses belles-mères font part de leur ressentiment quand elles ne reçoivent aucune reconnaissance ou marque de gratitude pour les efforts qu'elles déploient au quotidien ?

« Le jour de la fête des Pères, se souvient Jane, 43 ans, les enfants de mon mari lui ont offert la dernière tablette qui venait de sortir. Il y avait un petit mot : "À notre papounet, pour tout ce qu'il fait pour nous." J'étais soufflée ! Quelques semaines avant, c'était la fête des Mères. Ils avaient évidemment préparé quelque chose pour leur mère. Mais pour moi, rien ! Je prends soin jour après jour de ces deux enfants depuis plus de six ans. Je les éduque, je vais les chercher à l'école, je les conduis à leurs activités le mercredi et le samedi car leur père voyage beaucoup pour son travail, je suis toujours là pour eux quand ils ont besoin de moi... et je n'ai rien eu pour la fête des Mères ! Je ne prétends pas être leur mère, mais ça me fait mal de ne pas recevoir un minimum de considération et de reconnaissance pour tout ce que je fais pour eux... »

• « *Avec l'amour, tout est possible : nous allons recomposer une grande et belle famille.* » Cette attente se fonde sur le mythe de l'amour tout-puissant. Certaines femmes croient sincèrement qu'avec suffisamment d'amour, elles pourront vaincre tous les obstacles : « Grâce à l'amour que je vais donner à cette famille, se disent-elles, tout le monde sera heureux. » Nourrir un tel espoir expose malheureusement à de grandes déceptions. Certes vous pouvez croire que l'amour que vous éprouvez pour votre compagnon est assez grand pour englober ses enfants, mais la réalité est que vous n'êtes absolument pas en phase avec eux. Les enfants de votre compagnon doivent assimiler la violence d'une séparation ou du décès d'un de leurs parents. Ils ont peut-être déjà trouvé avec leur père un équilibre de vie que votre arrivée vient perturber et remettre en question. Ils constatent également qu'ils n'ont absolument aucun pouvoir de décision en ce qui concerne les changements qui surviennent dans leur existence. Voilà pourquoi beaucoup d'enfants estiment qu'il n'y a pas de quoi se réjouir...

« Laura, tu vas arrêter de dire qu'on doit tous apprendre à s'aimer, lance David, 14 ans, à sa belle-mère. Et aussi, tu veux bien arrêter de dire à tout le monde qu'on est une famille ! T'as épousé mon père et on est obligés de vivre avec toi, mais on n'est pas une famille ! Avant, j'avais une vraie famille – mais celle-là, c'est n'importe quoi ! »

• « *Son ex ne va pas trop interférer dans notre vie.* »

« Quand j'ai épousé Patrick, raconte Pascale, 37 ans, je savais que sa femme vivait mal sa nouvelle union mais je me disais que nous arriverions à créer entre nous des liens cordiaux pour le bien de ses deux enfants. Je suis tombée des nues quand elle a commencé à nous mener une vie infernale : elle s'opposait à toute demande d'aménagement des horaires de visite de mon mari, elle changeait ses dates de vacances du jour au lendemain en remettant en cause nos propres projets, elle appelait systématiquement ses enfants en visite chez leur père à l'heure du déjeuner, quand nous étions tous à table, et les gardait une demi-heure au téléphone... Je pensais qu'elle allait être une présence périphérique dans notre vie. J'ai très vite déchanté ! »

Vous attendiez-vous à devoir inclure l'ex de votre compagnon dans votre nouvelle vie ? Imaginiez-vous qu'elle aurait un tel impact sur votre quotidien ?

Non, certainement pas. Mais que vous le souhaitiez ou non, si votre compagnon n'est pas veuf, son ex conservera une place concrètement importante dans sa vie : parce qu'elle est la mère de ses enfants, parfois aussi parce qu'elle représente une charge financière si une indemnité compensatoire lui a été allouée lors du divorce (en plus de la pension alimentaire dévolue aux enfants). Nous reviendrons sur l'influence de l'ex-partenaire de votre conjoint sur votre famille au chapitre « Du côté de l'ex ».

Le vécu émotionnel des belles-mères

Rappelez-vous bien, en lisant ce qui va suivre, que j'envisage avec vous les situations qui ne se passent pas bien. Si la situation est harmonieuse, vous n'allez bien évidemment pas éprouver ces émotions !

Quelque chose m'a beaucoup touché au cours de mes échanges avec des belles-mères qui se sentaient mal dans leur famille recomposée : bon nombre d'entre elles se sentent extrêmement seules, avec parfois l'impression angoissante d'être anormales dans leurs réactions et leur ressenti. Ce qui suit a pour intention de vous *rassurer* sur la normalité de ce que vous éprouvez dans votre rôle de belle-mère. Une fois vos émotions plus clairement identifiées, vous pourrez prendre de la distance par rapport à elles et chercher à réduire leur impact négatif[1].

---

1. Même si ce chapitre se focalise sur le vécu des belles-mères, ce qui va être exposé s'applique aussi aux beaux-pères.

Un sentiment d'exclusion

« Mon ami m'avait proposé de passer le week-end chez lui pour rencontrer ses enfants, se souvient Estelle, 31 ans. Dès que j'ai mis les pieds dans cette maison, je me suis sentie l'intruse. C'était très fort comme impression. Je sentais une sorte de pesanteur sans pouvoir clairement en définir la cause. Juste au moment de se dire au revoir, le dimanche soir, Anaïs, la plus jeune, m'a regardée droit dans les yeux et m'a dit : "Bon, c'était bien. Mais tu vas plus revenir parce que c'est mieux quand on est tout seuls avec papa." On ne pouvait pas être plus explicite ! »

« Quand ses fils sont chez nous, mon mari adore aller faire du VTT avec eux le dimanche matin, rapporte Jacqueline, 51 ans. Je devrais me réjouir car il passe du bon temps avec eux. Pourtant, chaque fois que je les vois partir au loin dans la forêt dans de grands éclats de rire, mon cœur se serre. Je sais que c'est stupide mais je me sens exclue. Ce n'est pas de la jalousie, c'est plutôt une sorte de tristesse et de lassitude. Je me dis qu'à tout jamais je serai l'étrangère dans le clan fermé qu'il forme avec ses fils. Il serait étonné si je lui disais ce que je ressens, c'est pour cela que je ne lui en parle jamais. Mais c'est là, en moi, depuis toutes ces années et ça ne part pas... »

Quand vous entrez dans la vie de votre compagnon, vous découvrez rapidement qu'il fait partie d'un microcosme qui fonctionne très bien depuis des mois ou des années. En dépit des inévitables tensions et conflits de la vie de famille, ce petit monde a depuis longtemps appris à vivre ensemble. Et voilà qu'une étrangère franchit le seuil de la porte... Elle arrive avec sa personnalité, ses habitudes, ses manières d'être, ses conceptions sur l'éducation des enfants et, comble du comble, elle se montre tendre et affectueuse avec papa ! Après la stupéfaction, la révolte gronde – surtout chez les plus grands, préados ou ados : de quel droit cette femme se permet-elle de perturber un équilibre aussi chèrement gagné ?

Votre arrivée perturbe les lignes de force de la cellule familiale. Il est inévitable que les enfants s'y opposent, consciemment ou non. Votre présence menace leur sécurité : vous représentez l'inconnu ; vous incarnez la menace d'une perte potentielle de l'amour ou de l'attention de leur père ; vous leur volez du temps qui leur était imparti. De plus, si vous vous installez « chez eux », vous pouvez être amenée à décider de changements non souhaités dans leur maison, comme une nouvelle décoration ou une modification des rythmes familiaux ou des habitudes alimentaires... Mais le pire n'est pas là : pour certains enfants, vous êtes celle qui remplace maman dans le cœur de papa (même si cela fait longtemps qu'il est séparé de son ex !). À leurs yeux, c'est la trahison suprême. Vous avez beau être douce et avenante, faisant tous les efforts pour vous intégrer, votre présence est perçue comme une anomalie, quelque chose qui ne devrait pas être.

> « Mon beau-fils de 14 ans a une attitude très désinvolte envers moi, se désole Patricia, 42 ans. Quand il parle avec les gens, il est adorable, joyeux et curieux de tout, mais dès qu'il s'adresse à moi, il se ferme. Il n'exprime et ne manifeste plus rien : il ne me pose

aucune question sur ce que je fais, ne montre aucune réaction quand je lui demande comment ça se passe au collège... Il ne partage strictement rien avec moi ! Le plus difficile à vivre, c'est quand son père lui pose les mêmes questions à table ; là, il s'anime et répond avec enthousiasme. Ça me fait mal de voir que son silence s'adresse spécifiquement à moi. Vous savez, je ne crois même pas qu'il soit conscient de son attitude envers moi. Un jour, j'ai essayé de lui en parler et sa seule réponse a été : "Bouuuf... Mais non ! N'importe quoi ! T'es grave, Patricia !" Quoi qu'il en soit, ça commence à devenir très pénible. »

Qu'elle soit sourde ou sans équivoque, il est difficile de ne pas prendre à son compte l'hostilité que les enfants manifestent. Ce qui est troublant, c'est que quand vous regardez de façon isolée chaque agression contre vous, elle ne semble pas très importante, elle peut même paraître minime et sans conséquence : c'est d'ailleurs ce que vous dit votre compagnon. Mais quand ces agressions se répètent et que, jour après jour, vous devez prendre sur vous et faire bonne figure, cela devient pesant. Vous sentez qu'elles opèrent en vous un insidieux travail de sape qu'il n'est pas toujours facile de mettre en évidence.

Il est éprouvant et usant psychologiquement d'être soumis à l'indifférence des gens qui nous sont proches, qu'on les ait choisis ou non. Quand vos beaux-enfants ne font aucun cas de ce que vous dites, quand ils ne s'intéressent nullement à ce que vous faites ou encore quand ils critiquent ou dénigrent systématiquement tout ce qui vient de vous, cela est inévitablement source de malaise.

Un sentiment de solitude

Même si vous vous dites que ces réactions d'hostilité larvée sont inévitables compte tenu de votre place de belle-mère et que vous ne devez pas les prendre personnellement, il reste très fatigant d'amortir sans cesse en soi l'onde de choc de ces décharges de négativité.

Un sentiment de solitude résulte souvent d'une telle situation. C'est le comble : vous vous êtes engagée auprès d'un homme pour ne plus ressentir l'emprise de la solitude et voilà qu'elle s'installe dans votre vie, au sein même de votre relation ! Vous auriez besoin que votre compagnon se rende compte de vos difficultés et qu'il vous assure de son soutien, mais quand vous osez lui en parler, ce qui est loin d'être évident, il ne vient pas nécessairement à votre secours : « Écoute, mon amour, je comprends, mais tu devrais prendre un peu sur toi », vous répond-il quand vous vous plaignez de l'attitude de son fils. « Il a beaucoup souffert du divorce. C'est normal qu'il soit un peu mal dans sa peau. Fais des efforts s'il te plaît. Mets-toi à sa place. Ce n'est pas facile pour lui. »

Au début, vous vous dites qu'il a sûrement raison et vous ravalez vos plaintes et votre tourment, dans l'espoir que la situation s'arrangera au fil du temps. Parfois, cela fonctionne très bien, en effet, et vous êtes récompensée de votre patience : les choses évoluent bien et votre relation avec l'enfant se pacifie progressivement. Il finit par vous apprivoiser et découvre l'impact positif que vous avez dans sa vie. Mais d'autres fois, il persiste dans son attitude de défiance et vous continuez à vous sentir exclue, votre présence étant sans cesse remise en question.

Ce sentiment de solitude peut se renforcer au contact de certains proches qui ne se montrent pas très empathiques.

> « Je me souviens d'un soir où je parlais avec ma mère au téléphone, se rappelle Sabrina, 43 ans. C'était la première fois que je lui racontais que Grégoire, le fils de mon compagnon, me menait la vie dure. Je ne m'attendais pas à ce qu'elle me plaigne, mais j'aurais aimé qu'elle fasse preuve d'une plus grande compréhension en essayant de m'aider à trouver des solutions. Eh bien, après m'avoir écoutée, elle m'a tout simplement répondu : "Attends, Sabrina, je veux bien entendre que c'est un peu pénible avec ce garçon mais tu savais à quoi tu t'engageais quand tu as épousé Alexandre, non ? Qu'est-ce que tu espérais ? Tu sais, ma chérie, dans un mariage, il faut prendre sur soi. Il faut être généreuse et ne pas être constamment centrée sur soi. Son fils a 14 ans et toi 43. C'est à toi de faire des efforts et d'aller vers lui. C'est toi l'adulte." Je me suis sentie terriblement seule en raccrochant... »

Face à ce manque d'écoute de la part du compagnon et de l'entourage, certaines femmes apprennent à se taire. Sans se rendre toujours compte que ce silence nourrit en elles un sourd ressentiment.

Le silence découle souvent de la peur : peur de mettre son conjoint sur la défensive en abordant, pour la énième fois, la question délicate du comportement insolent de ses enfants, peur d'entrer en conflit avec lui (on pressent que, quoi qu'on dise, il penchera toujours du côté de ses enfants), peur de paraître infantile à ses yeux, mesquine ou immature, peur de parler avec les grands-parents des difficultés rencontrées avec leurs petits-enfants, par crainte de leur jugement ou de leur partialité... La peur conduit à mettre un couvercle sur les émotions et les frustrations. On s'étonne ensuite d'être constamment stressée...

Le stress

De nombreuses femmes m'ont confié que, même si les choses se passent plutôt bien avec leurs beaux-enfants, elles ressentent toujours un certain niveau de stress.

> « Je m'entends bien avec la fille et le fils de mon ami, explique Rachel, 51 ans. Nous nous connaissons depuis cinq ans et ils habitent avec leur mère. Tout marche relativement bien. Pourtant, quand je sais qu'ils viennent pour le week-end, je ne peux pas m'empêcher d'être vaguement stressée, dès le vendredi soir. Je fais avec, mais ce n'est pas très agréable. Pour être franche, je suis plus paisible quand ils ne viennent pas... »

Parfois, tout paraît aller bien en surface : les rapports sont cordiaux, on passe même de bons moments ensemble. Mais dans beaucoup de témoignages, on entend en filigrane un stress plus ou moins intense : les belles-mères se sentent toujours sur le qui-vive, attentives à éviter le moindre conflit. Cela en conduit beaucoup à en faire trop, en se fixant des objectifs de perfection impossibles à atteindre.

> « J'osais tellement peu contrarier mes beaux-enfants que je ne leur demandais rien, se souvient Pauline, 45 ans. J'essayais d'anticiper tout ce dont ils pouvaient avoir besoin pour être la belle-mère cool et sympathique. Résultat : j'étais épuisée à la fin du week-end. Un jour, j'ai craqué et je me suis effondrée en pleurs à table. Mon mari et ses enfants m'ont regardée étonnés. Je leur ai dit que je n'en pouvais plus de tout faire dans cette maison. Sonia, la fille de mon mari, m'a alors dit, toute timide : "Mais, Pauline, tu ne nous demandes jamais rien... On peut faire des choses si tu veux." J'ai réalisé que je voulais leur montrer que j'assurais comme une bête et que je n'avais besoin de personne ! J'ai séché mes larmes et je leur ai expliqué ce qui me ferait plaisir quand ils venaient nous voir : qu'ils mettent la table et aident à débarrasser, fassent tourner la machine pour leurs affaires, fassent des courses pour moi... À ma grande surprise, ils n'ont pas bronché et, depuis, ils font sans problème ce que je leur ai demandé ! Je m'étais enfermée toute seule dans mon stress ! Et j'ai compris aussi que quand on ne demande rien, eh bien, on ne reçoit rien ! »

Pourquoi une belle-mère est-elle plus exposée au stress ? Pourquoi une belle-mère vit-elle plus mal qu'un beau-père le rejet de ses beaux-enfants ? Pourquoi une femme est-elle plus vulnérable qu'un homme au stress relationnel ?

En réponse à ces questions, Wednesday Martin[1] explique que les femmes sont avant tout des êtres de relation, alors que les hommes sont plutôt des êtres d'action : la représentation que les femmes ont d'elles, leur estime de soi, dépend fortement de leur succès dans les relations interpersonnelles. Le regard positif qu'elles posent sur elles passe, de façon privilégiée, par le fait de parvenir à établir des relations *harmonieuses* avec les personnes qu'elles côtoient – au sein de leur famille d'origine comme de la famille recomposée. Quand elles n'y arrivent pas et que les conflits ou les tensions persistent, les femmes semblent s'en faire plus facilement le reproche que les hommes : elles se remettent en question et éprouvent le sentiment pénible d'avoir échoué à reconnecter ou à réparer. Cet échec est vécu comme une atteinte à leur identité et à leur valeur intrinsèque en tant que personnes. « En cela, nous ne pouvons pas être plus différentes des hommes, explique W. Martin. Les études montrent que les beaux-pères rapportent des niveaux d'investissement et d'engagement beaucoup plus bas par rapport à leurs beaux-enfants que les femmes. Et donc, beaucoup moins de stress, de conflits et de culpabilité. »

Comme le souligne John Gray dans *Les hommes viennent de Mars, les femmes viennent de Vénus*[2], il existe une incompressible différence

1. Wednesday Martin, *Stepmonster. A New Look at Why Real Stepmothers Think, Feel, and Act the Way We Do*, Houghton Mifflin, 2009.

2. J'ai lu, 2011.

entre le fonctionnement des hommes et celui des femmes. Que cette différence soit le fruit de conditionnements culturels ou de tout autres paramètres, elle est bien réelle et intervient inévitablement dans le vécu d'une belle-mère et dans celui d'un beau-père !

Le sentiment de ne pas avoir le contrôle

Le stress qu'éprouve une belle-mère résulte aussi de l'impression – parfois fausse, parfois fondée – d'avoir peu de contrôle sur son environnement ou d'être prise au piège de la situation. On se voit imposer les conditions contraignantes d'un système de garde auquel on n'adhère pas. On doit accepter des comportements qui vont à l'encontre de ce qu'on estime être juste ou normal en termes d'éducation. On a peu ou pas d'impact sur les dépenses et les charges relatives aux beaux-enfants. On n'a pas de latitude pour changer un peu la décoration du domicile où la marque de l'ex est encore très forte. On se sent impuissante à exercer la moindre autorité sur les enfants. On n'est pas reconnue comme légitime dans la discipline que l'on souhaite leur imposer. On se sent frustrée de ne pas trouver des moments d'intimité avec son conjoint car les enfants s'interposent sans cesse. On doit se plier aux exigences de la mère des enfants, que celles-ci semblent inappropriées ou normales, sans avoir son mot à dire si on n'est pas d'accord...

Le sentiment de ne pas être chez soi dans sa propre maison

La maison est synonyme de sécurité : c'est le havre de paix où on se met à distance du brouhaha du monde. Que se passe-t-il alors quand on se sent mal à l'aise au sein même de son foyer ?

> « Quand je suis allée habiter chez mon ami, explique Murielle, 38 ans, je me suis retrouvée dans un endroit qui devait désormais devenir ma maison, mais où je ne me sentais pas en sécurité. Chacun des trois enfants avait un large – très large ! – territoire bien défini et je me suis rendu compte que le seul vrai espace d'intimité qui nous restait, à mon ami et moi, c'était notre chambre à coucher : vingt mètres carrés dans une maison de cent quarante mètres carrés ! Je n'avais que ce lieu où me réfugier et ne plus être sous le regard des enfants. C'était très perturbant. Je me sentais comme une étrangère, même si les enfants étaient vraiment très gentils... Il m'a fallu presque deux ans avant de pouvoir me sentir un peu plus chez moi. »

En tant que belle-mère, on peut être tentée de changer la décoration de la maison ou la configuration des pièces, afin de mettre sa patte et d'apprivoiser son nouvel environnement, mais il faut faire preuve de tact car ces changements peuvent susciter un certain nombre de résistances des enfants, s'ils sont imposés sans concertation et sans le soutien du compagnon. Nous y reviendrons au chapitre « Vivre ensemble ».

La culpabilité

La culpabilité tient une place importante dans la vie d'une belle-mère. C'est un aspect de la famille recomposée auquel peu de femmes sont préparées. Or il existe de multiples formes de ce sentiment : culpabilité de ne pas sentir d'amour pour ses beaux-enfants ou de se sentir jalouse d'eux ; culpabilité d'imposer à ses propres enfants un beau-père et des pseudo-frères et sœurs avec lesquels ils ne s'entendent pas nécessairement ; culpabilité de se sentir illégitime aux yeux d'une belle-famille qui parfois ne cache pas qu'elle préférait l'autre (qu'ils trouvaient plus gentille ou qui savait bien, *elle*, s'occuper des enfants) ; culpabilité d'être à l'origine d'un divorce qui a jeté la famille de son nouveau conjoint dans le chaos (la nouvelle compagne se sent coupable du tourment que vivent les enfants à cause de la séparation ; il en va de même quand, par exemple, le petit dernier de son compagnon a des résultats scolaires désastreux depuis que le nouveau couple vit ensemble : « Je suis persuadée que ma présence perturbe Allan », déclare une jeune belle-mère) ; culpabilité, enfin, de s'interposer entre les beaux-enfants et leur père, en les privant d'une proximité dont ils ont besoin (« Les enfants de mon mari passeraient sûrement plus de temps avec leur père si je n'étais pas là, se culpabilise Pascale, 29 ans. Peut-être que je gêne... »).

La culpabilité est un poison dans l'élaboration de la famille recomposée. Elle peut conduire une belle-mère à se mettre plus bas que terre pour se faire « pardonner » le simple fait d'être là. Soyez donc très attentive à toute culpabilité qui se tiendrait tapie dans votre esprit. Essayez de la ramener au grand jour, en parlant avec votre compagnon ou avec une amie proche : la culpabilité adore opérer dans l'ombre, c'est là qu'elle est le plus toxique. Il est toujours utile de déceler où, en quoi et comment la culpabilité influence votre comportement. Une fois que vous l'aurez identifiée dans ses effets pervers, vous devrez mettre tout en œuvre pour vous dégager de son emprise, en prenant conscience de son action délétère sur votre santé psychique.

La colère

Il existe mille et une raisons de se sentir en colère quand on est une belle-mère dans un environnement hostile : face à l'irrespect des beaux-enfants, face à l'impuissance, face à l'attitude de la mère des enfants, face aux tentatives de culpabilisation de la part de ces derniers, quand on est désignée comme responsable du divorce... Qu'il s'agisse d'une irritation passagère ou d'un sentiment confinant à la haine, la colère parasite la paix de l'esprit, réduit le champ de la pensée et grignote l'estime de soi. On peut même s'en vouloir d'exprimer ouvertement sa colère : on se montre à autrui sous un jour que l'on n'aime pas et qui ne correspond pas à ce que l'on sait de soi. On se sent puérile, rigide et intransigeante, à l'opposé de ce que l'on imagine être... De nombreuses belles-mères s'irritent également de devoir sans cesse lâcher prise et prendre sur elles, parce qu'elles sont des adultes responsables face à des enfants qui, de leur côté, ne se privent pas de dire haut et fort ce qu'ils ont envie d'exprimer !

Conjointement aux beaux-enfants, le compagnon peut être la cible de la colère ou de l'irritation, par exemple quand il fait tout pour éviter le conflit avec ses rejetons, au risque de disqualifier sa compagne sous leurs yeux. Les hommes devraient être vigilants, car c'est souvent le cumul de ces petites humiliations qui mène les femmes à mettre fin à la relation.

« Mon mari avait une peur bleue de se mettre sa fille à dos, explique Marlène, 34 ans. Il se sentait tellement coupable de son divorce qu'il lui passait tout. C'était hallucinant ! Une fois de trop, quand Anna m'a répondu de façon insolente parce que je lui demandais pour la dixième fois de ranger sa chambre, il n'a pas réagi. Je lui en ai parlé après coup (j'évite toujours qu'on se dispute devant elle) et tout ce qu'il a trouvé à me dire, c'est que j'exagérais : Anna n'avait pas été aussi odieuse que je le disais, c'est moi qui prenais tout de travers, de toute façon ce n'était pas si grave que ça ! J'étais tellement en colère que je n'ai pas pu poursuivre la conversation. Ça durait comme ça depuis trois ans, si bien que, cette fois-là, je suis partie. Je n'en pouvais plus d'être constamment niée et piétinée sans que mon mari me protège. »

« J'ai besoin d'un moment tranquille avec Paul, une fois que les enfants sont couchés, explique Isabelle, 42 ans. Le problème, c'est que ses enfants, à 7 et 9 ans, ne respectent pas les heures du coucher et cela me prive une fois sur deux de ce temps privilégié avec lui. Je lui en ai parlé, en lui demandant de faire preuve d'autorité, mais il est hyperlaxiste là-dessus. Il ne prend pas position et me laisse me débrouiller toute seule. Ça se termine toujours dans les cris et les larmes et je me retrouve épuisée et en colère. Le pire, c'est qu'il me fait le reproche de ne pas bien m'entendre avec eux et de ne pas faire assez d'efforts pour entretenir de meilleures relations ! En fait, il est fermé à tout dialogue. Ça me blesse et c'est vrai qu'au fil du temps, cela abîme un peu l'amour que j'ai pour lui. »

Nous reviendrons en détail sur l'importance d'une communication de qualité au sein du couple et sur la nécessité de faire front uni face aux enfants, car c'est la clé de voûte qui assure la solidité de l'édifice.

La jalousie et la compétition

« Je ne me sens pas très fière de vous raconter ça, confie Perrine, 46 ans, mais je me sens très jalouse de la fille de mon mari. C'est une ado de 17 ans, très belle et très charismatique. Elle a beaucoup de succès auprès des hommes et elle le sait. Ce qui me met hors de moi, c'est son attitude très ambiguë avec son père : elle lui fait plein de câlins, se serre contre lui, lui prend la main quand on se promène et lui, il la laisse faire, alors que c'est complètement inapproprié, vous ne trouvez pas ? Je me sens mal à l'aise car j'ai l'impression d'être en compétition avec elle. Quand j'en parle à mon mari, il rigole et me met en boîte : "Tu dis n'importe quoi, ma chérie ! C'est ma fille, voyons !" Il n'empêche qu'elle a ce petit sourire en coin qui en dit long quand elle se colle à son père et que je croise son regard... »

Comme la colère, la jalousie se situe du côté du manque de confiance en soi. Elle est souvent l'expression d'un sentiment d'impuissance et d'exclusion dont on a du mal à prendre conscience.

La jalousie ne donne pas une bonne image de soi. N'a-t-on pas un peu honte de soi quand on se sent jalouse d'une adolescente ? Observant cette attitude chez quelqu'un d'autre, ne la trouverait-on pas un peu pathétique ? En même temps, n'est-il pas compréhensible de se sentir en compétition face au lien de grande tendresse unissant un père et sa fille ? Vous êtes bien deux femmes qui aimez le même homme, et il est inévitable qu'une certaine compétition s'immisce entre vous. Cela dit, quels que soient l'âge et le sexe des enfants, vous serez toujours un peu tiraillée quand vous verrez votre conjoint leur donner de l'affection et de l'attention, même si vous savez que l'amour qu'il vous porte est de nature différente. Il est humain de se sentir un peu exclue. N'oubliez pas qu'eux aussi peuvent se montrer jaloux de l'amour que leur père vous donne et du temps qu'il passe avec vous !

Que faire, alors, pour vivre au mieux la situation ? Vous pouvez prendre les devants et favoriser des temps privilégiés entre votre compagnon et ses enfants. Être à l'initiative des moments où vous vous retrouvez seule, alors qu'ils prennent du bon temps ensemble, peut vous aider à mieux vivre les choses. Vous en retirerez une impression de plus grand contrôle. De plus, cette démarche volontaire peut apaiser la culpabilité de votre compagnon, partagé entre le temps qu'il veut donner à ses enfants et celui qu'il veut passer avec vous.

Comme la jalousie et la compétition se fondent sur la peur d'avoir moins d'importance aux yeux de l'autre, faites en sorte de créer, de même, des moments privilégiés avec votre compagnon, afin de vous rassurer sur le fait que vous occupez une place de choix dans son cœur.

La dépression

À la lecture de ce qui précède, on comprend que le statut de belle-mère expose potentiellement à une saturation des capacités d'adaptation au stress. Or cette saturation fait le lit de la dépression. Soyez très attentive à l'émergence de symptômes dépressifs, comme les troubles du sommeil, la tristesse, la perte de motivation, l'irritabilité, la fatigue chronique, la perte du désir, l'incapacité à se projeter positivement dans l'avenir, le sentiment d'être prise au piège d'une situation... De nombreuses femmes dans des situations de famille recomposée difficiles n'ont pas conscience de l'apparition progressive de ces symptômes. D'autres n'osent pas en parler par crainte d'un jugement négatif. L'apparition d'une authentique dépression est rare dans un tel contexte mais elle peut survenir, et il est alors indispensable de se faire aider psychologiquement – parfois, transitoirement, avec des médicaments.

La reviviscence du passé

En travaillant en psychothérapie avec des femmes déprimées par leur vécu de belle-mère, j'ai remarqué qu'un certain nombre semblaient rejouer des scènes de leur passé, comme si la configuration familiale actuelle, appuyant sur des points névralgiques d'autrefois, les remettait inconsciemment en lien avec des difficultés rencontrées dans leur famille d'origine. Ce n'est pas toujours le cas – le stress de votre situation actuelle peut largement suffire à expliquer votre dépression –, mais il peut être intéressant de vérifier intérieurement si votre tourment actuel ne renvoie pas à des circonstances pénibles de votre passé.

« Je suis entrée dans la famille de mon mari – une fille de 13 ans et deux garçons de 15 et 18 ans – avec une sorte de mission en tête, explique Hélène, 47 ans. Ils avaient souffert d'un divorce particulièrement houleux ; je me disais que je serais celle qui allait restaurer l'harmonie au sein de cette petite tribu... Quelle naïveté ! J'ai divorcé après deux ans de mariage... Avec le recul, j'ai compris que ma vraie motivation était de réparer, à travers eux, les souffrances que j'avais endurées au divorce de mes parents, quand j'avais 10 ans. Je me projetais dans ce que les enfants de mon mari vivaient – particulièrement la jeune ado –, sans me rendre compte que c'était la petite fille, en moi, qui avait besoin qu'on prenne soin d'elle... »

« Je ne comprenais pas pourquoi j'étais sans cesse irritée par la fille de mon mari, explique Johanna, 36 ans. À 5 ans, elle était très en demande par rapport à son père – ce qui est normal, mais cela m'énervait au-delà du raisonnable. Je me doutais bien qu'il y avait quelque chose là-dessous. En travaillant avec mon psy, j'ai découvert que cette petite fille me renvoyait à moi : quand j'avais son âge, mon père avait divorcé de ma mère et était littéralement sorti de ma vie. Dès l'âge de 5 ans, je m'étais fabriqué une carapace de guerrière, n'ayant besoin de rien ni de personne. En réalité, je crevais de solitude à l'intérieur, mais j'étouffais tout cela en moi. La fille de mon mari et le besoin qu'elle exprimait de son père avaient réactivé ma détresse d'enfant : la colère que j'éprouvais envers elle était l'expression de ma colère d'enfant vis-à-vis de mon père qui m'avait abandonnée et de mon besoin cruellement inassouvi de sa tendresse, à jamais perdue – à laquelle elle avait accès auprès de mon mari. Quand j'ai compris tout cela, je me suis apaisée et mon attitude a progressivement changé envers cette petite fille. Nous sommes aujourd'hui très proches. »

Le vécu de la famille recomposée est déjà suffisamment stressant pour ne pas y ajouter le poids des problématiques individuelles non résolues du passé. Que cela passe par une thérapie individuelle, une thérapie de couple ou simplement des discussions approfondies avec votre conjoint, il est de toute façon indispensable de faire ce travail de clarification. Vous en serez d'autant plus libre et disponible pour faire face aux enjeux relationnels de votre famille actuelle.

Vous êtes la mère, votre compagnon est le beau-père

Selon une enquête menée par l'Insee en 2013, 79 % des enfants vivant avec un beau-parent le sont sous le toit de leur mère, celle-ci se voyant attribuer le plus souvent la garde. Cela signifie qu'il existe plus de beaux-pères que de belles-mères ! En tant que mère, vous êtes le pilier central de votre nouvelle famille. Vous détenez le pouvoir de faire accepter votre compagnon comme beau-père. C'est vous qui allez lui donner sa légitimité en tant que figure d'autorité au sein de votre famille. C'est également vous qui allez influencer le type de relations qu'il pourra établir avec votre ex-partenaire. Sans votre aide et votre soutien, rien ne sera possible[1] !

Un rôle déterminant

Depuis six mois, un an, cinq ans, vous étiez maîtresse à bord, seule responsable de votre foyer. Au fil du temps, la famille s'est structurée ainsi. Vos enfants ont développé avec vous une relation étroite, parfois fusionnelle. Maintenant que votre compagnon est entré dans votre vie et dans celle de vos enfants, les lignes de force de la

1. Même si ce chapitre concerne le vécu des mères au sein de la famille recomposée, le prochain étant spécifiquement consacré aux pères, je vous invite à les lire l'un et l'autre car ils se complètent. Il existe en effet de nombreuses similitudes.

famille changent. Êtes-vous prête à lâcher du terrain, afin de partager une partie de votre territoire parental avec lui ? Lui faites-vous suffisamment confiance ? Partagez-vous les mêmes valeurs, les mêmes principes, les mêmes visions sur l'éducation des enfants ? Jusqu'où avez-vous envie qu'il s'implique auprès d'eux ? Jusqu'où pouvez-vous accepter qu'il exerce son autorité sur eux ?

Certains hommes sont déroutés par l'attitude de leur compagne : elle se montre réticente à leur laisser librement jouer leur rôle parental, alors qu'elle semble pourtant leur demander d'en assumer un. La mère qui avait le dernier mot sur tout a du mal à l'idée de partager le contrôle qu'elle avait sur l'éducation de ses enfants. Si vous vous sentez dans cette ambivalence, il est important que vous fassiez comprendre à votre compagnon que vos enfants et vous avez besoin d'une période de transition, durant laquelle vous resterez la figure d'autorité principale. Pour le moment, c'est vous qui prenez les décisions importantes les concernant. Dans un deuxième temps, le champ d'action de votre compagnon sur vos enfants s'élargira. Cette démarche est la meilleure façon d'éviter qu'ils se braquent et s'opposent à l'autorité trop soudaine de leur beau-père (alors qu'ils ne lui accordent encore aucune légitimité).

Certaines mères tombent dans l'excès inverse, ce qu'il vaut mieux éviter. Ne précipitez pas trop rapidement votre compagnon dans un rôle parental auprès de vos enfants. Il n'est pas certain qu'ils seront d'accord, et lui-même ne le souhaitera peut-être pas – du moins pas aussi vite. Cela demande une réflexion en amont avec lui, pour ajuster et harmoniser vos positions, ce qui vous évitera de naviguer à vue en présence des enfants, sans savoir où vous allez l'un et l'autre !

Quelle place pour le beau-père de vos enfants ?

La place d'un beau-père ou d'une belle-mère dépend de celle que le parent des enfants accepte de lui donner. De même, cette place dépend de celle que le beau-parent souhaite prendre auprès de ses beaux-enfants. La palette est large, depuis un engagement fort, dans une posture quasi parentale, à un investissement minimal, où le beau-père ou la belle-mère n'assume aucune fonction ou responsabilité parentale. Souvent, le beau-parent fluctue entre ces deux extrémités, au fil du temps et en fonction des circonstances.

• Il peut, pendant un temps, endosser un rôle parental, que le parent des enfants lui accorde *et* qu'il accepte d'assumer : il s'implique complètement, participe à toutes les décisions au sujet des enfants, s'expose à des confrontations directes avec eux car il se pose en figure d'autorité.

• Il peut aussi se tenir – ou être tenu par le parent –, plus à distance, restant présent pour le soutenir et le conseiller, mais sans trop s'impliquer auprès des enfants, hormis les contacts cordiaux, voire amicaux, au quotidien. Dans ce cas, le parent conserve la quasi-totalité des responsabilités éducatives. Cette posture du beau-parent l'expose moins à des conflits avec ses beaux-enfants car il n'est pas celui ou celle qui fixe les limites et les interdits. Mais il faut être conscient que les enfants pourront penser, à tort ou à raison, que cette faible implication traduit une certaine indifférence du beau-parent à leur égard.

• Le beau-parent peut enfin choisir de privilégier son statut de compagnon ou de compagne, sans s'impliquer du tout auprès des enfants. Il ou elle se décharge alors de toute responsabilité parentale. Les conséquences sont plutôt négatives : le parent se sentira seul à tout décider pour ses enfants (même si, paradoxalement, il ou elle préfère qu'il en soit ainsi) et le beau-parent n'aura aucune légitimité à intervenir dans la vie des enfants (même s'il considère que leur parent ne prend pas les bonnes décisions).

Moins d'enjeux conflictuels vis-à-vis des enfants

Quand une femme a la garde principale de ses enfants, elle n'est pas exposée à la peur de perdre le contact avec eux. De même, elle est moins soumise à la culpabilité d'avoir bouleversé leur existence. Le vécu de mère apparaît alors moins stressant que celui d'un père ne vivant pas avec ses enfants. Nous verrons toutefois au prochain chapitre que la façon dont la mère vit sa propre situation influence fortement le vécu du père, quand il ne vit pas avec ses enfants.

Quoi qu'il en soit, la position de mère n'est pas toujours aisée au sein de la famille recomposée. N'avez-vous pas l'impression, parfois, d'être coincée entre les demandes de vos enfants et celles de votre nouveau compagnon ? Comment faire quand leurs exigences prennent des directions opposées ?

« C'est parfois très compliqué à gérer, déplore Valérie, 48 ans. Par exemple, mon fils me demande de l'aider à remplir son inscription sur APB (Admission Post-Bac) – c'est évidemment urgent car il s'y est pris à la dernière minute ! – et, le même soir, mon mari s'énerve parce que je ne retravaille pas avec lui la proposition commerciale qu'il doit présenter au bureau le lendemain... L'un râle en disant que je fais toujours passer mon fils avant lui, l'autre s'énerve que son beau-père soit toujours aussi exigeant ! Ils se chamaillent sans cesse à ce sujet. Je ne sais plus comment les satisfaire tous les deux ! »

Vous êtes prise dans un conflit d'intérêts : chacun exige que vous soyez sa priorité ! La vérité est que la famille recomposée crée des conflits de partage d'amour. Où et comment trouver le juste milieu et satisfaire tout le monde ? C'est impossible, et pourtant combien de femmes se reprochent de ne pas en être capables !

La relation avec vos enfants

Vos enfants seront immanquablement déroutés par les changements causés par l'arrivée de votre compagnon. Le mot d'ordre est : patience ! Prenez votre temps, ne pressez rien, ne forcez rien : ce serait la meilleure façon de provoquer des résistances de leur part. Plus vous anticiperez les changements à venir – et ils sont inévitables – en laissant vos enfants vous poser des questions et exprimer leurs craintes, mieux vous créerez des conditions favorables à l'acceptation de leur nouvelle configuration de vie : la nouvelle maison ou le nouvel appartement, la proximité avec cet homme qui va devenir leur beau-père, la fréquence des visites chez leur père, la continuité de leurs activités de loisir, le changement de certaines habitudes familiales, le partage éventuel d'une chambre avec un autre enfant, etc. Mais attendez-vous à faire l'objet de critiques ou de reproches.

> « J'ai perdu mon mari d'un accident vasculaire cérébral il y a deux ans, raconte Chantal, 46 ans. Quand j'ai commencé à fréquenter Gérard, ma fille de 14 ans l'a très mal pris. Elle idéalisait tellement son père qu'il lui était impossible d'accepter que j'aie un autre homme dans ma vie. Elle était très dure avec moi, me reprochant de l'avoir oublié et d'être la seule à préserver sa mémoire. Elle doutait même que je l'aie vraiment aimé ! Ce n'est que quand elle a rencontré Gérard et qu'il l'a rassurée sur le fait qu'il ne remplacerait jamais son père que les choses se sont apaisées. »

> « Pourquoi est-ce que ma mère est tombée amoureuse de ce mec ? s'exclame Nicolas, 17 ans. Il est mille fois moins intéressant que mon père et je n'accepte pas qu'il ait de l'autorité sur moi. Je trouve que ma mère est différente depuis qu'elle est avec lui – et pas dans le bon sens ! »

L'arrivée de votre compagnon peut parfois insécuriser vos enfants. Ils ont besoin de savoir et de sentir que vous restez leur parent. C'est peut-être une évidence pour vous, mais ce n'est pas nécessairement ce qu'ils éprouvent. Vos enfants ont besoin d'actes qui leur démontrent, sans l'ombre d'un doute, que vous êtes et que vous demeurez à tout jamais leur parent : un parent qui les aime plus que tout, qui passe du temps avec eux, qui continue à se préoccuper de leur scolarité, qui reste disponible à toute discussion, qui leur assure son soutien inconditionnel dans tout ce qu'ils entreprennent et qui continue aussi à leur fixer des limites en exigeant qu'on respecte son autorité...

Quant à votre partenaire, il a aussi besoin de construire une relation spécifique avec vos enfants, sans que vous interfériez dans sa manière d'établir un lien avec eux. Vous pouvez considérablement l'y aider, par exemple en ménageant des temps où il sera seul avec eux. Si ça se passe bien, il pourra ainsi leur montrer que sa présence dans leur vie peut leur être bénéfique. Mais proposez-lui également des temps *off*, sans enfant, où il n'aura pas à tenir son rôle de beau-père. Comprenez à quel point sa situation a pu changer, surtout s'il est passé, presque du jour au lendemain, du célibat (avec ou sans enfant) à une famille nombreuse : il a besoin d'un temps de respiration et d'ajustement pour assimiler son rôle et ses nouvelles responsabilités.

Mère ou belle-mère, prenez soin de vous !

Une évidence s'impose : dans la plupart des cas, le statut de mère ou de belle-mère est éprouvant. Ce travail à plein temps demande que l'on soit au mieux de sa forme, tant physiquement que psychologiquement. Il est donc indispensable que vous preniez soin de vous : ce n'est pas quand vous serez épuisée ou déprimée que vous pourrez être à la hauteur des défis que vous lance votre nouvelle situation.

« Au début de ma relation avec Stéphane, se souvient Martine, 56 ans, j'étais sans cesse dans le compromis vis-à-vis de ses enfants. J'acceptais tout et n'importe quoi, juste pour préserver la paix et l'harmonie de notre cellule familiale. Quand je dis *cellule*, c'était vraiment ça : j'avais l'impression d'être en prison. J'étais enfermée dans mes peurs : peur d'un nouvel échec relationnel, peur d'entrer en conflit avec mon mari ou avec ses enfants, peur de me retrouver seule à nouveau... Je me suis mise en veilleuse pendant des années en pensant que c'était la meilleure solution. Quand je me suis déclenché une belle dépression, j'ai compris que je faisais fausse route : je ne pouvais pas continuer à me nier, à faire passer ma vie en arrière-plan. Il m'a fallu du temps pour remonter la pente et changer d'attitude, mais j'y suis arrivée – notamment avec l'aide de mon mari, qui n'avait pas compris que je m'étiolais au fil des années. Aujourd'hui, je suis en paix et je mesure le chemin parcouru. Si on s'oublie dans une famille recomposée, on court à sa perte – ni plus ni moins ! »

Il est essentiel de ne pas perdre le fil de votre vie sous la pression des demandes extérieures. Pour cela, mieux vaut être le plus clair possible sur qui vous êtes dans cette famille, ce que vous voulez y devenir, ce que vous voulez pour vous et ce dont vous ne voulez pas.

- « Quelles sont mes valeurs ? Mes principes ? Mes axes de vie ? Mes priorités ? »
- « Quels sont mes rêves, mes désirs, mes aspirations ? Sont-ils en phase avec mon engagement dans cette nouvelle famille ? »
- « Qu'est-ce qui est négociable pour moi dans cette famille et qu'est-ce qui ne l'est pas ? »
- « Quelles sont mes limites ? Suis-je assez claire quand je les énonce aux autres, afin qu'ils les respectent, ou suis-je dans le flou, n'osant pas être plus explicite et leur laissant ainsi pleine latitude pour empiéter sur mon territoire ou ne pas le respecter ? »
- « Suis-je capable d'énoncer un vrai oui et un vrai non ? Suis-je sous l'emprise de la peur ou de la culpabilité, m'empêchant de dire ce que je ressens et m'écrasant pour répondre en priorité aux besoins d'autrui ? »
- « Ai-je le sentiment d'être libre de mes choix et de mes actes ? »
- « Suis-je en train de devenir quelqu'un d'autre uniquement pour répondre aux exigences et aux contraintes de cette famille ? »

Que vous soyez mère ou belle-mère – mais c'est aussi valable pour les pères et les beaux-pères –, le sacrifice ne mène à rien, si ce n'est à l'amertume et à la désillusion. Prendre soin des autres sans prendre soin de soi est asséchant émotionnellement. Ne mettez pas systématiquement vos besoins au bas de la liste de vos priorités. Vous devez apprendre à les revendiquer, tout en gardant une écoute attentive aux autres membres de la famille. Ayez conscience que, très souvent, vos enfants comme vos beaux-enfants n'ont aucune idée claire de vos besoins. Il est donc capital que vous les énonciez et que vous mettiez en œuvre les moyens d'y répondre. Vous n'en serez pas moins aimée ou acceptée.

Parallèlement à votre implication dans votre famille, *gardez de la place pour vous*. Adoptez une approche qui inclut toutes les dimensions de votre existence.

Sur le plan du corps

Trouvez du temps pour une pratique physique régulière qui vous permettra de vous dépenser et d'évacuer votre stress : sport, yoga, qi gong, Pilates, classes de méditation... En plus de vous détendre, ces activités vous procureront un break avec la vie de famille. Elles offriront également au partenaire l'occasion de passer du temps avec ses enfants ou beaux-enfants.

Sur le plan psychologique et émotionnel

Que vous soyez parent ou beau-parent, si vous vous sentez complètement dépassé(e) par la situation et que votre conjoint ne parvient pas à vous aider, considérez comme possible *le recours à une aide psychologique*. La thérapie est un espace de sécurité, une soupape ; elle n'apportera peut-être pas de réponses concrètes à vos difficultés relationnelles, mais elle vous aidera à ventiler vos émotions négatives, à prendre de la distance et à changer de vision ou de perspective. Vous pourrez aussi explorer les aspects de votre passé qui interfèrent avec votre présent. N'hésitez pas non plus à vous plonger dans des livres qui parlent du divorce, du deuil, de la psychologie des enfants et des ados[1]. Pour certains, la lecture constitue une aide et une stimulation précieuses.

Sur le plan relationnel

Il est très important d'avoir un réseau amical en dehors de la sphère familiale ; c'est bénéfique. Avec vos amis et vos proches, vous pouvez sortir du rôle de parent ou beau-parent et avoir des activités qui n'ont rien à voir avec ces fonctions. N'hésitez pas à partager avec ceux qui ont aussi des beaux-enfants, le partage d'expérience vous fera vous sentir moins seul(e). Et il y a quelque chose de rassurant dans la prise de conscience de l'universalité des difficultés rencontrées...

Dans la mesure du possible, ne laissez pas votre vie de famille occulter ce qui contribue à votre épanouissement : une activité artistique, culturelle, intellectuelle... Ne négligez pas non plus la dimension spirituelle, essentielle à l'équilibre de tout individu.

1. Voir quelques suggestions p. 275.

II

SI VOUS ÊTES LE PÈRE OU LE BEAU-PÈRE

Vous étiez veuf, divorcé ou séparé. Il y a quelques mois ou quelques années, vous avez rencontré cette femme qui est aujourd'hui votre compagne. Votre place au sein de votre nouvelle famille se décline en fonction de trois situations[1].

1. Vous êtes père d'un ou de plusieurs enfants, votre compagne a également des enfants : vous êtes donc beau-père de ses enfants et votre épouse est la belle-mère des vôtres.

2. Vous êtes père d'un ou de plusieurs enfants, votre compagne n'a pas d'enfant : votre compagne est donc la belle-mère de vos enfants.

3. Vous n'avez pas d'enfant, votre compagne a un ou plusieurs enfants : vous êtes donc le beau-père de ses enfants.

---

1. Même si bien sûr, seule l'une de ces situations vous concerne, je vous invite à prendre connaissance de tout le chapitre. De même, vous auriez bénéfice à lire ce qui concerne le vécu d'une belle-mère, car certaines situations sont transposables à la vôtre. Votre compagne, également, trouvera dans ce chapitre qui vous concerne directement des clés importantes pour comprendre votre fonctionnement et les motivations qui vous poussent parfois à agir de façon apparemment incompréhensible à ses yeux.

Vous êtes le père, votre compagne est la belle-mère

Si vous êtes veuf

La mort de votre épouse vous a plongé dans un processus de deuil dont vous vous êtes progressivement extrait. Si vous lisez ces lignes, c'est que vous êtes certainement déjà engagé dans une nouvelle relation amoureuse. Si vous êtes au début de celle-ci, prenez votre temps avant d'inclure votre nouvelle amie dans votre vie de famille. Vos enfants et vous avez besoin de temps et il est important que votre compagne le comprenne. Le deuil est un long chemin, on ne peut pas l'accélérer, et il ne sert à rien de vouloir précipiter les choses si vous voulez être disponible pour cette nouvelle étape de votre vie. Peut-être également les émotions de votre deuil sont-elles toujours actives en vous – ce qui n'est pas antinomique avec le fait d'aimer à nouveau une autre femme. Si c'est le cas, je vous invite à lire *Vivre le deuil au jour le jour*[1], l'ouvrage que j'ai consacré à ce processus. Il vous donnera des pistes pour avancer sereinement.

Vous êtes séparé ou divorcé[2]

En tant que père, vous êtes au centre d'une constellation de personnes qui dépendent de vous à des degrés différents. Vos enfants, votre nouvelle

1. Albin Michel, nouvelle édition 2012.

2. Le veuvage étant beaucoup moins fréquent que le divorce, j'ai choisi de parler surtout de l'homme divorcé (ou séparé)

compagne et votre ex-épouse ont des besoins et des attentes variés – et parfois contradictoires. Vous devez assurer sur plusieurs fronts, comme le souligne Arnaud :

« Quand, il y a maintenant trois ans, j'ai pris la décision de quitter ma femme pour m'installer avec Fabienne, ma compagne, je ne m'attendais pas à rencontrer tant de difficultés. J'avais l'impression que tout dépendait de moi : les finances des deux maisons, le bien-être de mon ex-épouse et celui de ma nouvelle amie, le bien-être psychologique et matériel de mes enfants. Je croulais sous les responsabilités ! C'était hyperstressant ! »

Cette place centrale est à la fois votre force et votre vulnérabilité. Cette situation vous confère de multiples responsabilités envers les uns et les autres ; elle vous met aussi en position de pouvoir : sans vous, rien ne fonctionnera.

« La rencontre avec Daphné a apporté la paix dans notre maison, se réjouit Sergio, 42 ans, divorcé depuis trois ans. Nathan et Aurélie, mes enfants de 8 et 13 ans, ne voulaient plus venir me voir car ils disaient à leur mère qu'ils s'ennuyaient avec moi et que j'étais trop triste. Je souffrais de cette situation et je ne voyais pas comment faire évoluer les choses. Quand Daphné est arrivée, elle a senti ce dont les enfants avaient besoin : une vraie place dans ma maison. Elle m'a fait faire des travaux pour que chacun ait sa chambre et elle a tout fait pour qu'ils se sentent les bienvenus.

avec enfant(s). Mais il est clair que ce que je décris concerne également le veuf.

Grâce à elle, les enfants ont changé d'attitude : ils sont heureux de venir me voir maintenant... de venir *nous* voir ! Je n'ai pas assez de mots pour remercier Daphné d'avoir accompli cela. »

« Je me sens tiraillé entre mon ex-femme et Diane, ma nouvelle amie, se désole Stéphane, 42 ans. Le jour des 40 ans de Diane, mes parents sont venus à la maison avec mes enfants. À la fin de la soirée, j'ai appelé mon ex pour lui demander de venir chercher Louis et Ariane comme nous en étions convenus. Finalement, j'ai dû faire deux heures de route pour les raccompagner. Et quand je suis revenu à la maison, Diane était furieuse que j'aie cédé à la mère de mes enfants et que je l'aie abandonnée le soir de son anniversaire. Je me suis écrasé pour ne pas envenimer les choses, mais tout ça est vraiment fatigant... »

Mais tout n'est pas non plus entre vos mains. Il est capital que vous évaluiez la position de votre future compagne vis-à-vis de vos enfants, si possible avant de vous engager ! Ce ne sera pas forcément ce que vous espérez et la configuration peut être complexe. Par exemple, la femme dont vous êtes tombé amoureux ne souhaite pas que vos enfants fassent partie de sa vie, elle fait tout pour mettre de la distance entre vous et vous en souffrez ; elle refuse que quiconque s'immisce dans votre couple, quitte à vous couper de ceux auxquels vous tenez le plus. Une trop grande hostilité ou une exigence d'exclusivité trop marquée doivent vous faire sérieusement reconsidérer la suite à donner aux événements : certes, vous avez le droit d'être heureux, mais dans un tel contexte, tout laisse à penser que vous ne le serez pas...

Des visions parfois décalées

Certains hommes divorcés avec enfants tombent amoureux et s'engagent sans avoir réellement réfléchi à leurs motivations. Par exemple, beaucoup s'attendent à ce que leur nouvelle compagne sache et ait envie de s'occuper de leurs enfants : en tant que femme, ne va-t-elle pas se montrer automatiquement maternelle à leur égard ? Or ce n'est pas toujours le cas ! Pour éviter tout malentendu, une vraie conversation à ce sujet s'impose afin que chacun exprime ses attentes.

J'ai également rencontré des hommes qui avaient beaucoup de mal à se mettre à la place de leur compagne, ne comprenant pas notamment qu'elle se plaigne de l'attitude des enfants : « Mais enfin, Véronique, calme-toi ! Comment ça, ma fille nous bouffe tous nos week-ends ? Mais qu'est-ce que tu me chantes ? Ne me dis pas que tu es jalouse d'elle ! Tu veux toute la place, c'est ça ? Je ne te comprends pas... »

Certains pères ne parviennent pas à voir quand leurs enfants dépassent les bornes. La force de leur lien leur fait perdre leur objectivité, au point de prendre leur parti de façon parfois injuste vis-à-vis de leur compagne.

« Mon beau-fils était infernal avec moi, se souvient Haleb, 52 ans. Il était odieux quand son père n'était pas là et très hypocritement adorable en sa présence.

Je n'arrivais pas à ouvrir les yeux de mon mari sur le double jeu de son fils car, pour lui, c'était l'enfant parfait. Un jour que je me plaignais de son comportement, il m'a dit clairement : "Je ne te crois pas. Tu exagères. Jamais mon fils n'agirait ainsi. Et si je dois croire quelqu'un, je suis désolé mais ça ne sera pas toi." J'ai tenu comme ça pendant deux ans et je suis partie... »

Sans vouloir dramatiser la situation, de telles attitudes peuvent réellement faire le lit d'une rupture. Faites donc très attention et tentez d'appréhender la situation le plus objectivement possible, même si, en tant que père, il est normal que vous penchiez en faveur de vos enfants. Ne tombez pas dans ce travers que j'ai tant de fois observé ; beaucoup d'hommes divorcés avec enfants minimisent les problèmes que rencontre leur compagne, certains même les ignorent complètement, alors qu'elle s'acharne à tenter de les faire réagir. Ce que les femmes ne pardonnent pas, et qui les conduit parfois à mettre un terme à la relation, c'est l'attitude d'évitement de leur compagnon face aux situations difficiles ou conflictuelles.

On considère que les hommes gèrent beaucoup moins bien les conflits que les femmes[1] ; on parle même de « noyade émotionnelle » de l'homme en situation de conflit. Après une dispute, les signaux physiologiques de stress (rythme cardiaque accéléré, tension artérielle élevée) perdurent plus longtemps chez l'homme que chez la femme. L'homme arrive beaucoup plus rapidement que la femme

1. Voir John Gottman et Nan Silver, *Les couples heureux ont leurs secrets*, Pocket, 2006.

à une saturation de ses capacités d'adaptation au stress relationnel, ce qui provoque un véritable épuisement émotionnel. Quand les disputes se répètent à intervalles rapprochés, l'homme se noie émotionnellement, d'où sa tendance à quitter rapidement toute situation de conflit récurrente. Ce n'est pas que de la lâcheté, comme le pensent la plupart des femmes, c'est aussi une réponse à un stress qui a du mal à être géré. Quoi qu'il en soit, cet évitement a une incidence très négative sur la relation.

Certains ne voient rien parce qu'ils ne sont pas très fins, d'autres parce qu'ils ne veulent pas voir. On peut s'interroger sur ces attitudes qui font courir tant de dangers à la relation de couple : comment un homme adulte, responsable et sincèrement aimant peut-il presque « oublier » la femme qu'il a choisie au profit de ses enfants ? On peut avancer qu'il privilégie son rôle de père et que ce comportement est naturel, mais pourquoi cela le conduit-il à négliger sa compagne ? La réponse est un monstre à deux têtes : c'est par peur et par culpabilité.

Le vécu émotionnel des pères

La peur

Qu'elle corresponde ou non à une réalité, la peur de perdre le contact avec ses enfants reste profondément ancrée chez certains hommes.

> « Je ne vois ma fille qu'un week-end sur deux, alors qu'avant le divorce, c'est moi qui l'accompagnais à

l'école tous les jours, explique Renaud, 37 ans. Le contraste est vertigineux. J'ai l'impression qu'elle est sortie de ma vie et ça me fait souffrir. Je sais que cela ne se passera jamais, mais j'ai peur qu'elle se lasse de moi, qu'elle m'en veuille de cette séparation et qu'elle n'ait finalement plus envie de me voir. C'est idiot de raisonner ainsi car nous sommes très liés, mais cette peur me serre le ventre dès que je la quitte. »

« Je suis triste, confie Pascal, 48 ans. Mes deux filles de 13 et 16 ans ont pris le parti de leur mère depuis que j'ai rencontré Nathalie. Elles estiment que je suis responsable de la dépression de leur mère et refusent de croiser ma nouvelle compagne. J'ai peur de les perdre car, depuis quelque temps, elles ne font plus aucun effort pour me voir. J'ai de plus en plus l'impression d'être réduit à une sorte de banquier, parce qu'elles ne me sollicitent désormais que quand elles ont besoin de quelque chose. Je les vois s'éloigner de moi... »

Vous craignez peut-être de perdre une place privilégiée dans le cœur de vos enfants car vous ne vivez plus avec eux au quotidien. Vous craignez qu'une distance s'installe entre vous, en oubliant que vos enfants ont autant besoin de vous que vous avez besoin d'eux. Eux aussi vivent comme une cruelle rupture le fait de ne plus vous voir au jour le jour. L'enjeu pour vous est de créer, en collaboration avec leur mère, les conditions pour qu'ils aient facilement accès à vous.

Si votre ex-femme retrouve quelqu'un, cette crainte peut redoubler à l'idée qu'un autre homme exerce une influence sur vos propres enfants, sans que vous ayez véritablement votre mot à dire.

Si votre compagne a elle-même des enfants, vous pouvez ressentir un certain malaise – voire une authentique tristesse – à devoir vivre à plein temps avec eux, alors que vous passez si peu de temps avec les vôtres. Vous pouvez avoir peur qu'ils en soient blessés et vous en fassent le reproche.

« Deux ans après mon divorce, explique Loïc, 44 ans, je me suis retrouvé dans une configuration un peu bizarre. Mes enfants que j'adore étaient partis vivre à Paris avec leur mère et son nouvel ami. J'étais resté à Rennes à cause de mon travail et un jour j'ai rencontré Élise. Comme elle avait la garde de ses deux enfants de 6 et 11 ans, tout le monde est venu vivre à la maison. Je devais donc élever des enfants qui n'étaient pas les miens, tout en étant dans le manque de mes propres enfants. J'aurais tant aimé garder ma place de papa auprès de mes enfants et les aider à devenir de belles personnes ! J'y arrive un peu parce que leur mère fait en sorte qu'on se voie assez souvent, mais ce n'est pas la même chose. Élise sent bien que je ne suis pas très heureux, même si j'essaie de ne pas trop lui montrer... »

Pudiques et réticents à exprimer leurs émotions, les hommes sont de grands taiseux. Ils gardent tout en eux, s'enfermant parfois dans une solitude que personne ne soupçonne. Certains dépriment en silence dans leur coin, alors qu'ils doivent se montrer dynamiques et entreprenants pour faire face à leur nouvelle vie et à ses nombreuses responsabilités.

Si vous vous retrouvez dans ce cas de figure, sachez qu'il est inutile de nier une peur ou une tristesse qui reste présente de toute façon. Si la situation devient trop pénible pour vous, vous auriez tout à gagner à solliciter un peu d'aide, auprès d'un ou d'une amie qui a votre confiance, ou d'un professionnel psy. Quelques séances peuvent suffire pour déposer votre fardeau et trouver les ressources nécessaires pour faire évoluer votre situation.

La manipulation

En 1985, le docteur Richard A. Gardner a qualifié de « syndrome d'aliénation parentale » la situation où un enfant se tourne contre un de ses parents suite aux manipulations de l'autre. Cette notion a été largement critiquée et invalidée par la suite. Même s'il n'existe pas de syndrome défini scientifiquement, qu'un enfant se coupe de son père (ou de sa mère) sous l'influence de sa mère (ou de son père) est un fait dont de nombreux parents font l'amère expérience. Ainsi, la peur du père d'être coupé de ses enfants n'est malheureusement pas une vue de l'esprit. Elle renvoie à une réalité qui a des conséquences négatives sur l'enfant.

> « Mon épouse m'en veut à mort pour notre divorce, raconte Baptiste, 37 ans. Elle ne supporte pas que je l'aie quittée pour une autre femme. Elle a carrément dit à des amis communs qu'elle souhaitait ma perte.

Mes deux garçons sont ma raison d'être et elle le sait pertinemment. Depuis un an, elle fait un travail de sape, elle me critique systématiquement devant les enfants. Elle leur dit qu'elle est malheureuse à cause de moi, que je suis cruel, égoïste, que je les ai abandonnés, qu'elle est détruite quand ils me rendent visite le week-end, etc. Mon aîné est très stressé à cause de tout cela et il commence à être agressif à l'école. Il me dit qu'il ne veut plus venir avec moi en vacances parce que je suis trop méchant avec sa mère ! Je ne sais plus quoi faire... »

Certaines mères s'opposent à ce que les enfants aillent chez leur père sous prétexte qu'il est irresponsable, trop toxique ou que lui et sa compagne sont incapables de s'occuper d'eux correctement. D'autres vont jusqu'au juge pour enfants pour remettre en question ce droit de visite. Ces parents confondent malheureusement leur statut *conjugal* et leur statut *parental,* alors que ces deux territoires devraient rester distincts : on peut en vouloir à son ex pour ses déboires conjugaux, tout en préservant les enfants de ces conflits. Les enfants n'ont pas à faire les frais des rancœurs de leurs parents.

L'instrumentalisation qu'exerce un parent sur les enfants est *toujours* préjudiciable à ces derniers. Pour punir l'ex, on les fait payer aussi. Le désir de vengeance est parfois tel que le parent perd de vue l'intérêt premier de son enfant. Il ou elle ne perçoit pas que ses comportements et allégations négatives quant à l'autre parent sont très toxiques. L'enfant ne s'y retrouve plus, ne sait plus comment se positionner. Il peut même présenter des troubles du comportement liés à son stress : troubles du sommeil, agressivité, agitation, chute des résultats scolaires, sentiment d'insécurité... Pour se sortir de ce dilemme, il n'a pas d'alternative. Par crainte de perdre l'amour du parent acharné, il doit « choisir son camp », en abondant dans son sens pour faire cesser les pressions qu'il exerce sur lui. Il se coupe alors de son autre parent, en arrivant même à se convaincre que celui-ci est effectivement quelqu'un de néfaste. Il refuse de le voir et de lui parler. La victoire du parent manipulateur est alors totale. Du moins le croit-il, car il occulte complètement les conséquences délétères sur l'enfant qui se trouve privé de la présence structurante de son autre parent. En outre, en annihilant son ex, il annihile en même temps la part de l'autre parent qui existe dans son enfant ! À un niveau très inconscient, celui-ci doit réprimer ou étouffer ce qui, en lui, provient de son autre lignée. Ce clivage intérieur provoque un sourd mal-être chez l'enfant, qui est tout simplement coupé en deux...

Pour ne pas prendre le risque de perdre le lien avec leur enfant, certains pères vont jusqu'à céder à toutes les demandes de leur ex-compagne pour éviter tout risque de conflit ou à laisser agir leurs enfants sans leur imposer de limites.

> « Tout était planifié pour les vacances, se souvient Louis, 39 ans. La veille de notre départ, mon ex-épouse a appelé à la maison pour m'annoncer qu'elle prolongeait de quatre jours son séjour chez sa mère

à Biarritz. Mon fils devait prendre le train pour que je le récupère à Paris. "Si ça t'embête, me dit-elle au téléphone, pars seul en Bretagne avec ta copine. Je peux très bien garder Louis ici avec moi. Il adore être avec sa grand-mère." Je savais qu'elle jouissait de me mettre dans une telle situation. J'étais furieux mais je n'avais pas le choix : j'ai différé notre départ... et mon amie m'a fait la gueule pendant une semaine... »

Cette attitude qui consiste à tout passer à votre ex ou à votre enfant est de fait très souvent vécue par votre nouvelle compagne comme une forme de passivité. Qu'elle perçoive ou non les craintes qui vous motivent, il y aura là une source majeure de conflits ou d'incompréhension entre vous.

La culpabilité

En parlant avec des hommes divorcés et remariés, j'ai constaté que le thème de la culpabilité revenait sans cesse, sous une forme ou une autre : « Je me sens coupable et égoïste d'avoir causé tant de peine à mes enfants pour construire mon propre bonheur », « Je me sens coupable d'avoir abandonné mes enfants et de ne pas être présent au quotidien pour les voir grandir », « Je me sens coupable de les obliger à changer de maison toutes les semaines, chargés comme des bourricots, à cause de la résidence alternée. Je vois bien que ça les perturbe », « Je me sens coupable de leur imposer la présence d'une femme qu'ils n'aiment pas – et de perturber à nouveau l'équilibre auquel nous étions arrivés. J'ai l'impression de les trahir », « Je me sens coupable vis-à-vis de ma nouvelle compagne, je ne lui donne pas vraiment ce que je suis, alors qu'elle a tout laissé pour moi et qu'elle attend la même chose en retour », « Je me sens coupable de la solitude de mon ex-épouse et de la baisse de niveau de vie que notre divorce a engendré pour elle », « Je me sens coupable de donner du temps à des enfants qui ne sont pas les miens, alors que je ne vois mes propres enfants qu'un week-end tous les quinze jours. Je me sens coupable de vivre loin d'eux », « Je me sens coupable d'avoir un enfant avec ma nouvelle compagne. J'ai peur que mes enfants se sentent exclus et qu'ils croient que je les aime moins ».

« Je me sens coupable... Je me sens coupable... » La culpabilité n'est pas sans conséquences. C'est l'une des causes d'échec majeures de la famille recomposée, en dépit de l'amour qui a présidé à sa constitution. La culpabilité parasite le rôle de parent. C'est une émotion très puissante. Si elle vous tient sous son joug, elle peut vous empêcher de fixer des limites pourtant nécessaires à votre enfant. Par exemple, vous hésitez à cadrer votre fille qui ne fait plus rien en classe, car vous vous dites que vous la voyez trop peu et qu'il est dommage de gâcher le temps que vous passez ensemble. Vous craignez qu'elle vous en fasse le reproche ou s'en plaigne à sa mère, ou encore qu'elle ait moins envie de venir vous voir si vous la sermonnez chaque fois qu'elle vous rend visite. Vous ne dites rien à votre fille, qui se contente de mettre les pieds sous la table quand elle vient vous voir. Cela exaspère votre compagne, mais vous préférez laisser faire. Votre fille, qui est loin d'être stupide, comprend intuitivement ce qui se joue : vous lui remettez entre les mains le pouvoir de vous contrôler. Elle comprend que vous vous muselez pour ne pas vous fâcher avec elle, aussi désorganisé ou inconséquent que soit son comportement. Forte de ce pouvoir, elle en use et abuse, jusqu'à excéder votre compagne qui vous reproche tant de laxisme...

Une suridentification au rôle de père

4. Pour alléger le poids de leur culpabilité, certains pères tentent de se prouver qu'en dépit de tout, ils sont et resteront de « super papas ». Cette attitude est positive, car elle aide à compenser les manques créés par la distance. Elle rassure aussi l'enfant sur le fait que son père reste bien présent dans son existence. Séparés, certains hommes découvrent qu'être père est ce qu'il y a de plus important dans leur vie. Ils en font leur priorité : la paternité donne sens à ce qu'ils vivent, maintenant qu'ils sont affranchis des conflits conjugaux qui polluaient leurs relations avec leurs enfants. Aujourd'hui, se sentant libres d'être pleinement pères, ils veulent être à la hauteur de cette responsabilité, ce qui est bon pour eux et pour leurs enfants.

Mais attention : un père trop écrasé de culpabilité risque d'en faire trop. Par un souci excessif de compenser les manques créés par son absence, il peut sacrifier sa spontanéité et son autorité, ce qui le pousse souvent à devenir une sorte de copain pour son enfant. Ou bien il se sent tellement coupable qu'il oublie sa nouvelle compagne, supposant à tort qu'elle comprendra la situation et acceptera de bonne grâce de se mettre entre parenthèses le temps d'un week-end ou de courtes vacances... Même si ces intentions paternelles sont évidemment bonnes et que la belle-mère se montre compréhensive et conciliante, cela ne peut pas fonctionner comme ça longtemps.

> « J'ai compris que j'avais littéralement abandonné Sandra au profit de ma fille, reconnaît Yvan, 44 ans, deux ans après son second divorce. Quand Émilie venait me voir le week-end ou pendant les vacances, il n'y avait plus qu'elle. Elle me manquait tellement et je me sentais tellement coupable de la vie que je lui avais imposée... Sandra devenait transparente. Je décidais tout en fonction de ce qu'Émilie voulait, rejetant la moindre proposition de Sandra qui n'allait pas dans son sens. Je voulais qu'elle s'éclate quand elle était avec moi. Je voulais être le père parfait à ses yeux. Émilie n'avait aucune attention pour Sandra, elle faisait comme si elle n'était pas là. Cela faisait souffrir Sandra mais, à l'époque, je ne le voyais pas. J'étais complètement aveugle à ce qui se passait et je suis tombé des nues quand Sandra m'a annoncé qu'elle me quittait. »

Ne perdez pas de vue ce que votre enfant attend fondamentalement de vous. Il n'a pas besoin d'un papa qui, parce qu'il se sent coupable, s'épuise à lui proposer une multitude d'activités quand il vient lui rendre visite ou se ruine dans une surenchère de cadeaux. Il a besoin d'un parent stable, paisible, affranchi de la peur et de la culpabilité, qui lui offre un environnement sécurisé. Tout enfant a besoin qu'on lui fixe des limites. Plus elles seront claires, moins les rappels à la discipline seront nécessaires.

Quelques conseils pour aider votre compagne

Vous avez des responsabilités envers votre compagne, belle-mère de vos enfants. Pour ne pas se sentir seule devant un rôle auquel peut-être rien ne l'a préparée auparavant, elle a besoin de vous.

Comprenez qu'il est de votre ressort de créer le lien entre elle et vos enfants. Essayez de montrer les aspects positifs de l'arrivée de cette nouvelle personne dans leur vie. Encouragez-les à lui réserver le meilleur accueil. Cela lui fera plaisir et, en retour, elle sera encore plus encline à être attentive à eux. Signifiez très clairement à vos enfants, et le plus tôt possible, que votre compagne partage votre vie et qu'en conséquence vous lui accordez le droit d'exercer sur eux une certaine autorité. Soulignez que c'est une adulte qui fait dorénavant partie intégrante de la cellule familiale. Affirmez, dès le début de sa relation avec vos enfants, qu'elle a des droits, des obligations et des privilèges. Essayez d'être le plus ferme possible sur ce point. Dans cette logique, faites votre possible pour qu'elle se sente partie prenante dans ce qui concerne la vie domestique. Prenez conscience que de nombreuses décisions lui échappent (horaires de visite des enfants, planning des vacances, organisation des loisirs, etc.) et qu'un sentiment d'impuissance ou d'absence de contrôle ronge beaucoup de belles-mères. Veillez à ce que le dialogue reste ouvert au sein de la famille.

Vos enfants ont le droit de ne pas aimer votre compagne. En revanche, ils n'ont pas le droit de se montrer ouvertement hostiles, agressifs, insolents ou irrespectueux envers elle – du moment que ce n'est pas elle qui suscite ces comportements, car il arrive, on l'a évoqué, que les torts soient partagés. Il est de votre responsabilité d'imposer à vos enfants le minimum de respect et de considération à son égard. Il n'est pas nécessaire de le faire en leur mettant le couteau sous la gorge : l'approche douce fonctionne bien mieux. Si vous les traitez avec tendresse, respect et intelligence, il y a plus de chances qu'ils répondent sur le même mode. Là encore, ils doivent sentir que vous êtes très ferme là-dessus, sans espace de négociation !

De nombreuses belles-mères souffrent en silence de l'absence de considération pour les efforts qu'elles font pour les enfants de leur compagnon. Enseignez à vos enfants la gratitude – ceci est rarement un mouvement spontané chez un enfant. Et n'oubliez pas vous-même de la remercier régulièrement pour ce qu'elle fait.

Vous êtes le beau-père, votre compagne est la mère

Votre compagne avait des enfants quand vous l'avez rencontrée : vous êtes devenu leur beau-père, que vous ayez ou non vous-même des enfants.

Contrairement à l'image traditionnellement négative attachée à la belle-mère, il n'existe pas de mythe populaire négatif concernant le beau-père. Pas d'équivalent masculin à la terrible marâtre ! Et dans les témoignages que j'ai recueillis pour ce livre, j'ai constaté que le vécu des beaux-pères était, de fait, moins négatif que celui des belles-mères. Est-ce parce qu'on n'attend pas d'un homme qu'il soit aussi proche des enfants que doit l'être une femme ? Est-ce parce que les enfants eux-mêmes n'attendent pas de lui qu'il les « materne », et sont prêts à ce qu'il s'occupe moins d'eux ? Ou bien les hommes placent-ils la barre moins haut, contrairement à tant de belles-mères acharnées à réussir coûte que coûte leur famille recomposée ? Sont-ils moins sous la pression d'aimer leurs beaux-enfants comme les leurs ? Se sentiraient-ils moins investis émotionnellement dans l'éducation des beaux-enfants ? Mettent-ils moins leur estime de soi ou leur valeur personnelle dans la balance, se sentant moins atteints que les femmes dans leur identité s'ils ne gagnent pas l'amour de leurs beaux-enfants ? Parce qu'ils sont des hommes, sont-ils moins exposés aux attaques des enfants, qui osent moins les affronter que les belles-mères, jugées parfois plus vulnérables et moins aptes à les remettre à leur place ? Les enfants reconnaîtraient-ils plus spontanément une autorité à une figure masculine, même si, au bout du compte, ils se rebellent contre elle ? Les beaux-pères bénéficieraient-ils d'un accueil plus coulant, voire plus confraternel, de la part du père d'origine, celui-ci ne se sentant pas (trop) en compétition avec le nouveau venu ? Seraient-ils moins soumis aux critiques des pères ?

On a bien sûr des exemples du contraire, mais dans l'ensemble la situation est plus simple que pour les belles-mères. À quelques exceptions près, les récits que j'ai recueillis font état d'une intégration plus harmonieuse des beaux-pères au sein de la famille recomposée. L'arrivée du nouveau compagnon de maman est souvent vécue avec un certain soulagement, notamment par les plus jeunes. Pour les ados ou préados, on observe souvent au départ un rejet de principe, mais une fois qu'ils ont fait sa connaissance et l'ont apprivoisé, beaucoup accueillent plutôt de bonne grâce le compagnon de leur mère. Cela dépend aussi évidemment de son attitude.

Il faut souligner que le moment d'arrivée de ce futur beau-père a son importance. Quand la mère présente trop tôt son nouveau compagnon à ses enfants – notamment, dans le cas d'un deuil, moins d'un an à un an et demi après le décès de leur père –, elle s'expose souvent à de vives résistances.

> « J'ai rencontré Adrien dix mois après le décès du père de mes enfants, explique Martine, 47 ans. Je ne pensais pas tomber amoureuse aussi vite. C'était très compliqué et très culpabilisant de me sentir à nouveau amoureuse, alors que je vivais si douloureusement le deuil de mon époux. Je pensais d'ailleurs que cette histoire n'allait pas durer, car elle arrivait bien trop tôt dans ma vie... Et pourtant, Adrien est resté auprès de moi au fil des mois et sa présence m'a aidée à traverser mon deuil avec plus de paix. Mon amour

pour lui grandissait chaque jour. Je voulais le cacher à mes enfants pour ne pas les déstabiliser mais, un matin, ma fille de 16 ans m'a mise au pied du mur au petit déjeuner, devant ses frères et sœurs : "Bon alors, t'as un mec dans ta vie ? C'est bien ça, hein ? Et papa ? Oublié ? C'est dégoûtant ! Jamais ce mec ne franchira la porte de cette maison ! Tu m'entends : jamais !" C'était il y a deux ans. Ma fille est toujours braquée contre lui, sans jamais l'avoir rencontré. Je me reproche d'être allée trop vite mais il y a des choses qu'on ne maîtrise pas... Adrien me dit qu'avec le temps les choses s'apaiseront, mais pour l'instant, elle reste viscéralement bloquée sur ses positions et je ne vois pas comment la faire bouger... »

Cette réaction de rejet liée à l'arrivée trop précoce d'un nouveau compagnon dans la vie de leur mère est fréquente. Cela invite à la vigilance et à la patience. *Il n'y a pas d'urgence*. Les enfants sont encore sous le choc de la séparation ou du décès, leurs capacités d'adaptation sont peut-être saturées pour le moment. Ils ont besoin d'un temps d'ajustement pour accueillir sereinement un nouveau changement dans leur vie.

Hormis cet aspect, l'arrivée d'un beau-père est globalement moins problématique que celle d'une belle-mère. Pourquoi ? La configuration est différente : les enfants habitent la plupart du temps principalement avec leur mère, ils la voient au quotidien ; s'ils perçoivent ses besoins et parviennent à aller au-delà de l'idée qu'« elle nous a, nous, ça devrait lui suffire... », après quelques mois ou années, ils arrivent au constat que leur mère vit dans une solitude qu'ils ne peuvent pas combler. Cela peut les mettre mal à l'aise. En effet, les enfants s'inquiètent souvent pour leur mère. Certains se sentent même un peu coupables d'aller vivre leur vie à l'extérieur, en laissant maman seule à la maison... Un jour, ils ont la surprise de découvrir leur mère plus joyeuse et plus sereine et découvrent qu'elle a un amoureux. Leur mère le garde souvent longtemps caché, par peur de les perturber ou par pudeur à révéler qu'elle a une vie affective. Mais progressivement, cet homme prend une telle place dans sa vie qu'elle décide de le présenter à ses enfants.

Tout se passerait-il au mieux pour tous les beaux-pères ? Malheureusement non. Pour certains, la bataille est rude. Ils doivent faire face à un cumul de difficultés qui rappelle celui que rencontrent de nombreuses belles-mères. De nombreuses situations que je vous ai déjà décrites pour les belles-mères sont transposables ici.

Le vécu émotionnel des beaux-pères

Dans la famille recomposée, le cahier de doléances du beau-parent est quasiment le même, qu'il soit beau-père ou belle-mère. En tant que beau-père, il est capital de comprendre que les tensions et les conflits que vous rencontrez sont inhérents à la famille recomposée. L'enjeu, pour vous, est de garder un certain recul pour ne pas prendre personnellement les agressions et les vexations dont vous êtes l'objet. Là encore, ne vous découragez pas ! J'explore intentionnellement les aspects négatifs de la relation beaux-pères / beaux-enfants pour que vous identifiiez plus facilement ces enjeux émotionnels, mais il est très rare de les ressentir *tous* en même temps ! Et c'est tant mieux ! N'oubliez jamais que la famille recomposée peut être une formidable source de paix et d'harmonie, en dépit des horreurs que je vous décris !

« Nous n'avons plus d'intimité »

Depuis que vous vivez avec vos beaux-enfants, vous avez l'impression que votre histoire d'amour a été un peu occultée. Vous avez du mal à retrouver votre intimité de couple, vous regrettez ce temps où vous passiez des moments seuls en amoureux, à l'insu des enfants. Vous voilà en train de gérer les soucis, petits et grands, d'une nouvelle vie de famille sans avoir pu vous adapter à votre rythme.

Parfois ce manque d'intimité vous énerve : vous avez peut-être du mal à comprendre que votre compagne soit ainsi focalisée sur sa progéniture, au détriment des moments privilégiés en tête à tête. Ce sentiment peut être d'autant plus fort que vous-même n'avez pas d'enfant. D'ailleurs, si tel est le cas, votre compagne risque fort de ne pas manquer de vous dire, à un moment où vous revendiquerez un peu d'espace pour votre couple : « Tu ne peux pas comprendre : tu n'as pas d'enfant ! » C'est le coup de grâce, qui vous laisse désemparé.

« Je me sens en compétition avec les enfants »

À l'instar de nombreuses belles-mères, certains beaux-pères se plaignent d'une désagréable impression de rivalité avec les enfants de leur compagne.

> « J'ai l'impression d'être en compétition avec un petit garçon de 7 ans ! se désole Marc, 38 ans. On veut tous les deux la même chose : lui, l'attention de sa mère, moi, celle de mon épouse ! Ça doit paraître ridicule vu de l'extérieur, mais c'est la réalité de ce que nous vivons ! Elle me dit qu'elle doit lui accorder beaucoup de temps parce qu'il a été traumatisé par le divorce. Je comprends, bien sûr, mais est-ce qu'elle doit passer deux heures dans sa chambre tous les soirs, le temps qu'il s'endorme ? Moi, j'attends comme un idiot devant la télé. Je me trouve pathétique de dire ça parce que j'imagine que je devrais prendre sur moi, mais ça fait un an que ça dure et je le vis super mal... »

Ce sentiment peut se faire particulièrement sentir quand un homme devient le beau-père d'un enfant unique qui a accaparé toute l'attention de sa mère depuis des années. L'enfant accepte mal de perdre sa place privilégiée et se montre souvent hostile envers son beau-père. Il est important que ce dernier lui fasse clairement comprendre qu'il ne parviendra pas à l'évincer, tout en œuvrant à construire avec lui une relation de qualité, en passant des moments seul avec lui par exemple.

« Je n'ai aucune reconnaissance »

Certains beaux-pères se sentent invisibles.

> « J'ai l'impression parfois d'être transparent, déplore Christophe, 47 ans. À la fête de fin d'année de l'école

d'Élodie, la cadette de mon épouse, son père était présent dans l'assemblée. Ce n'était pas un problème pour moi, car nous nous entendons assez bien. Mais à la fin de la représentation, Élodie s'est jetée dans les bras de sa mère... et de son père. J'étais là, à côté, complètement ignoré. Je m'occupe énormément de cette petite fille depuis trois ans et ça m'a fait mal de voir qu'elle me zappait comme ça ! Je sais bien que je ne suis pas son père, mais quand même... Ce qui m'a le plus blessé, en fait, c'est que ma femme n'a pas réagi. Je crois même qu'elle n'a pas eu conscience de ce qui se passait pour moi. »

Beaucoup d'hommes témoignent de la tristesse ou de l'amertume face à ce manque de reconnaissance. Ils renoncent à des moments privilégiés avec leur compagne pour qu'elle passe plus de temps avec ses enfants, prennent sur eux pour tolérer des comportements qu'ils jugent inacceptables, se taisent pour ne pas envenimer le climat familial, ils sacrifient certaines de leurs activités pour privilégier celles de leurs beaux-enfants, ils leur consacrent beaucoup de temps (bien plus que leur propre père) pour les aider dans leurs études, veillent à leur donner une bonne éducation... et tous ces efforts et ces concessions ne sont pas reconnus à leur juste valeur, alors qu'un simple « merci pour ton aide » ferait la différence.

Certains beaux-pères souffrent aussi de l'attitude de leur compagne vis-à-vis de l'argent, un sujet délicat dans les familles recomposées sur lequel nous reviendrons au chapitre « Vivre ensemble ».

« Ce n'est pas formulé explicitement, souligne Patrick, 43 ans, mais je sens qu'elle attend que j'assure financièrement pour ses enfants. Le père est aux abonnés absents, elle ne travaille pas et la pension alimentaire qu'elle perçoit pour ses fils est dérisoire. Je me retrouve donc à financer les études, les loisirs et les vacances de gamins qui ne me manifestent aucune reconnaissance en retour. Ils ne sont pas méchants, mais ça ne leur vient pas à l'idée que ce que je leur donne n'est pas un dû. En fait, je n'ai aucune obligation envers eux ! Mais je pense que ça vient de l'attitude de leur mère : un jour, quand j'ai osé faire une remarque au plus grand, ma compagne a été choquée, c'était déplacé et inélégant de mettre mal à l'aise ses enfants sur des questions d'argent, m'a-t-elle dit. Que je bosse dur pour leur offrir – à eux et à elle – une vie agréable lui semble complètement normal... »

Dans le même esprit, on attend souvent du beau-père qu'il exerce la loi, fasse preuve d'autorité, prenne la famille en charge, tout en étant protecteur, sécurisant et solide en toutes circonstances. On lui demande d'assumer un rôle paternel auprès d'enfants dont le père est parfois plus que distant, sans pour autant qu'il s'en voie accorder les bénéfices.

« J'ai vraiment du mal à encaisser les reproches de ma belle-fille, raconte Philippe, 40 ans. Quand elle hurle : "T'es pas mon père, t'as aucun droit sur moi ! Je rentre chez moi à l'heure que je veux", alors que je fais tout pour qu'elle ne sabote pas son année scolaire, je perds contenance. Je fais mon maximum pour elle depuis trois ans, et pas une once de remerciement ! C'est décourageant... »

« J'aimerais qu'on me reconnaisse ce rôle de père auprès d'eux »

Cette attente est le pendant masculin du souhait de certaines belles-mères d'être considérées comme des secondes mamans. Elle est d'autant plus vive lorsque le beau-père s'occupe de ses beaux-enfants depuis qu'ils sont tout jeunes et leur a beaucoup donné.

Mais vos beaux-enfants ont déjà un père. Très proche de ses enfants, ou très éloigné, physiquement ou émotionnellement, il reste leur père. À quelques exceptions près où les enfants vous attribueront eux-mêmes le statut de père, spontanément ou après un certain temps, vous ne serez jamais réellement considéré comme tel. Cela n'empêche pas de créer des liens de grande affection et de profonde complicité : vous pourrez tenir une place très importante dans la vie de vos beaux-enfants, en guidant leurs pas de vos conseils, en tant que figure de référence ou d'identification masculine, avoir un rôle de mentor. On trouve beaucoup de gratification à être investi de cette manière par un enfant. Mais il est essentiel de ne pas essayer d'être ce qu'on n'est pas, comme le souligne le témoignage suivant, réplique masculine à celui de Sylvie, au chapitre précédent :

« J'ai compris très tardivement où était ma vraie place dans le cœur de ma belle-fille, se souvient Raphaël, 57 ans. Le jour de son mariage, alors que je m'occupais d'elle depuis qu'elle avait 5 ans, Natacha a souhaité que ce soit son père qui la conduise à l'autel. Il avait pourtant toujours été absent de sa vie. J'ai été blessé, mais je n'ai rien dit. C'était dans l'ordre des choses, comme sa mère a tenté de m'expliquer... mais avec une gêne qu'elle avait du mal à cacher. Cela fait quatre ans et je n'ai toujours rien montré de ma déception. J'aime beaucoup Natacha, depuis toujours, et je me sens toujours proche d'elle, pourtant quelque chose s'est cassé dans notre lien. Ce qui m'embête, c'est qu'elle n'ait rien vu... Elle aurait peut-être pu me manifester un petit peu plus de considération, mais bon, c'est comme ça... »

« Je n'aime pas les enfants de ma compagne »

Ce cas de figure se présente aussi. Avec le temps, vous constatez que le lien ne se crée pas, en dépit de vos efforts : vos beaux-enfants vous énervent, vous déplaisent, vous choquent ou vous laissent indifférent. Ce constat peut être source de culpabilité, comme si vous étiez en faute de ne pas les apprécier, alors que vous aimez sincèrement leur mère. D'ailleurs, vous faites votre possible pour ne rien lui montrer. Mais, aussi fort que soit votre désir de dissimuler votre manque d'élan vers eux, elle sent bien que le courant ne passe pas et elle peut vous en faire le reproche : il s'agit de sa progéniture et son instinct de mère est en alerte sur tout ce qui peut affecter ses enfants. Soyez donc prudent sur ce que vous pouvez dire sur eux...

Votre manque d'intérêt pour vos beaux-enfants vient parfois du fait que vous avez vous-même des enfants. Ils habitent avec leur mère et vous les voyez si peu qu'il vous arrive de prendre en grippe les enfants de votre compagne, du simple fait qu'ils attendent de vous une attention que vous auriez plutôt envie d'accorder à vos enfants. C'est ce qu'explique Claude, 46 ans :

> « J'ai trois enfants d'un premier mariage et deux beaux-fils. Mais je ne ressens pas grand-chose pour ces ados et j'essaie de taire en moi les pensées parfois hostiles que j'ai envers eux. Ça me rend coupable et ça me donne une mauvaise image de moi. Je suis capable d'une immense patience avec mes enfants mais je m'irrite en un dixième de seconde quand un des garçons se comporte en fainéant incapable de bouger le petit doigt pour nous aider à la maison. Et plus je n'énerve, plus je me sens coupable ! Mon épouse m'a demandé d'aller voir un psy pour comprendre mes réactions trop agressives, mais il n'y a rien de plus à comprendre : j'estime avoir loupé le coche avec mes enfants quand j'étais marié avec mon ex-épouse, et maintenant j'ai l'impression de gâcher mon temps avec les fils de ma femme, alors que je devrais être auprès de ma fille et de mes fils ; cela m'empêche d'accepter mes beaux-fils tels qu'ils sont. »

« Elle a déjà deux enfants, j'en voudrais un mais elle semble réticente »

De même que les femmes sans enfant se heurtent à la réticence de leur nouveau conjoint père d'un ou plusieurs enfants, l'homme sans enfant se confronte parfois à cette même résistance si sa nouvelle compagne est déjà mère. Si les hommes ne sont pas soumis comme les femmes à la pression de l'horloge biologique, beaucoup ont un désir de paternité d'autant plus fort qu'ils avancent en âge, car ils ne souhaitent pas être « vieux » quand leur enfant aura 20 ans. Certaines femmes déjà mères s'imaginent que le fait que leur compagnon prenne une place de père auprès de leurs enfants est suffisant pour assouvir ses besoins de paternité, mais c'est rarement le cas : s'il était jusque-là célibataire ou si son précédent mariage n'a pas produit d'enfant, sa nouvelle relation porte pour lui une promesse de paternité.

Il est donc essentiel que cette question soit abordée quand vous envisagez de vivre ensemble. Chacun de vous doit clairement énoncer où il en est de son désir d'enfant, pour ne pas partir sur des présupposés divergents qui seraient source de conflit plus tard. Nous reviendrons sur l'enjeu d'un nouvel enfant au sein d'une famille recomposée.

« Leur mère ne me donne aucune légitimité »

Votre compagne vous demande de faire preuve d'autorité et vous fait ensuite le reproche d'être trop dur avec ses enfants. Ou elle vous demande d'être ferme et elle annule vos punitions derrière votre dos, voire interfère, contre votre avis, en faveur des enfants ! Ou encore elle se plaint que vous êtes trop dur avec ses enfants, alors que vous vous comportez exactement de la même manière avec les vôtres, faisant tout votre possible pour être équitable...

Votre marge de manœuvre avec vos beaux-enfants est, en effet, beaucoup plus étroite. Leur mère est présente et veille farouchement, au point d'être parfois un peu trop réactive ou aveugle à vos intentions éducatives à leur égard. Avant vous, il est vrai, elle gérait seule ses enfants et elle s'en sortait bien.

Peut-être aussi êtes-vous irrité par son laxisme et avez-vous envie de « redresser la barre ». Cela n'est pas nécessairement bien accueilli, ni par elle ni par ses enfants. Là encore, vous marchez sur des œufs...

« Ma compagne a toujours un lien avec son ex »

Il était là avant vous... et il sera toujours là ! Aussi longtemps que vous serez en relation avec votre compagne, le père de ses enfants fera partie du paysage, pour le meilleur ou pour le pire. Il est et restera un point de référence dans la vie de vos beaux-enfants. Par extension, il fera partie de la vôtre. La manière dont vous vous positionnez par rapport à lui influe sur votre façon de tolérer la continuité du lien que cet homme a avec votre compagne : prenez-vous cela avec sagesse, conscient qu'une relation intelligente entre eux est garante d'un bon équilibre pour les enfants ? Ou êtes-vous réticent ou un peu inquiet de ce lien qui perdure, et dont la nature exacte vous échappe ?

> « Je suis peut-être un peu parano, reconnaît Florian, 42 ans, mais je suis toujours mal à l'aise quand Laura m'annonce qu'elle va déjeuner avec son ex pour faire le point sur la scolarité des enfants. Je devrais me réjouir que leur relation soit apaisée après leur divorce, mais ça me gêne. C'est lui qui est parti ; j'ai toujours peur qu'elle soit toujours amoureuse de lui et qu'elle me compare à lui quand elle le voit. Je prends sur moi, mais je préférerais qu'ils gèrent les affaires des enfants par mail ou par téléphone. Elle n'a pas besoin d'un déjeuner pour ça... »

Il est intéressant d'entendre le son de cloche de Laura :

« Florian me fait toujours une crise quand je rentre à la maison après avoir vu mon ex-mari. Il veut tout savoir : ce qu'il a dit, ce que j'ai dit, ce que j'ai ressenti... Est-ce que je suis toujours amoureuse de lui ? Est-ce que j'ai encore envie de faire l'amour avec lui ? Etc. Je lui ai expliqué mille fois qu'Alexandre n'est pas un homme fiable et que j'ai besoin de discuter avec lui les yeux dans les yeux pour qu'il tienne ses engagements quand on décide quelque chose pour les enfants. Si on fait ça par mail, il zappe systématiquement ! J'ai donc besoin de le voir régulièrement pour garder le cap. C'est vrai que j'ai aimé cet homme et que j'ai toujours un pincement au cœur quand je le vois : j'ai sous les yeux l'écho d'un bonheur qu'on n'a pas pu vivre ensemble et ça me fait du mal. Alors, à cause de tout cela, je suis frustrée et triste quand je rentre à la maison. Mais Florian interprète ça de travers, comme si j'avais la nostalgie d'Alexandre, alors que ce n'est plus du tout le cas ! »

III

DU CÔTÉ DES ENFANTS

Après d'incontournables ajustements, de nombreux témoignages décrivent des familles recomposées qui évoluent finalement vers une belle harmonie. Une dynamique positive se met en place pour les enfants. Des relations de qualité se nouent avec le nouvel adulte qui apparaît dans leur vie. Chacun trouve un espace de croissance et d'accomplissement personnel qui n'existait peut-être pas dans la famille d'origine. Mais tout reste possible, entre l'amour et la haine. Les enfants, eux aussi, réagissent émotionnellement à la nouvelle configuration.

> « Avant, j'aimais bien aller chez mon père, explique Lucas, 11 ans. On faisait plein de trucs ensemble. Mais depuis qu'il a sa copine, c'est comme s'il n'avait plus de temps pour mon frère et moi. Il n'est pas pareil quand elle est là : il est plus sévère et très stressé... Je lui ai demandé si sa copine était vraiment obligée d'être là quand on venait mais il s'est mis en colère. Et puis, il y a autre chose : une fois sur deux, elle amène son fils ; c'est un petit bébé de 3 ans ! Alors là, on ne fait plus rien du tout ! Je n'aime pas ça. »

> « Quand j'ai rencontré Prune, la nouvelle amie de papa, j'avais 7 ans, se souvient Annabelle, aujourd'hui 19 ans. Je l'ai trouvée super jolie et super gentille. Et, en plus, je voyais que papa était heureux avec elle. Je n'ai jamais

été jalouse, peut-être parce qu'elle faisait toujours attention à moi : par exemple, c'est elle qui m'a appris à me maquiller (ma mère n'est pas trop branchée trucs de filles) et j'ai eu mes premières règles alors que j'étais en vacances avec eux, elle m'a tout expliqué. C'était vraiment bien. Maman m'a dit qu'elle aurait aimé que ce soit elle qui soit là. Je sentais qu'elle était un peu triste et peut-être un peu jalouse mais je sais qu'elle a envoyé un petit mot à Prune pour la remercier. Bon, il y a eu quelques soucis entre nous à l'adolescence mais je crois que c'est normal et que ça aurait été la même chose si elle avait été ma mère. Aujourd'hui, Prune est quelqu'un de très important dans ma vie. »

L'objectif de ce chapitre est de vous aider à saisir ce que vivent vos enfants et beaux-enfants. Vous y découvrirez leurs peurs, leurs conflits intérieurs, comment ils essaient de s'adapter, quelle influence a sur eux leur autre parent... Mieux les comprendre vous aidera à créer une relation pacifiée avec eux. Mais pour comprendre leurs comportements, il est indispensable de connaître leurs besoins fondamentaux, d'autant que, la plupart du temps, les enfants n'en ont pas conscience eux-mêmes. Quand ils sentent que leurs besoins ne sont pas pris en compte, ils réagissent plus ou moins fortement. Ainsi, colère, agressivité, rejet, mépris, insolence et autres comportements négatifs révèlent presque toujours un besoin non satisfait. Déceler celui-ci derrière le comportement agressif et tenter d'y répondre permet le plus souvent d'éteindre l'hostilité et d'apaiser l'enfant.

Les besoins fondamentaux des enfants

Se sentir en sécurité

C'est le besoin le plus fondamental de l'enfant[1]... et le plus malmené après une séparation, un divorce ou un décès. Il se décline en quatre sous-besoins spécifiques.

1. Le besoin de faire confiance aux adultes

L'enfant a été échaudé dans la confiance qu'il accordait à ses parents : il attendait d'eux stabilité et constance, et voilà qu'ils divorcent. Sa vie de famille vole en éclats ! On comprend qu'il ait des difficultés à renouer des liens – notamment avec la nouvelle compagne ou le nouveau compagnon de son parent. Quand son père lui dit qu'il va garder le lien avec lui alors que celui-ci ne vit plus à ses côtés, l'enfant peut-il le croire ? Or il lui est indispensable de pouvoir faire confiance aux adultes qui s'occupent de lui.

2. Pouvoir prévoir

Les enfants ont besoin qu'on leur explique ce qui va se passer, où ils vont vivre, avec qui, ce à quoi ils doivent s'attendre : comment sera la nouvelle maison de papa, où se passeront les vacances avec le nouveau compagnon de maman, comment on

---

1. Mais aussi de l'adolescent, qui reste imprégné de son enfance. Nous aborderons plus loin les besoins de l'adolescent, mais ceux de l'enfant le concernent également.

partagera la salle de bains avec la jeune ado du beau-père qui va venir passer Noël à la maison... Il faut éviter au maximum de les prendre de court. Il est sage de les prévenir systématiquement des changements à venir.

> « J'avais 7 ans et nous devions, mon grand frère et moi, partir en vacances avec notre père, se souvient Christophe, 45 ans. C'était la première fois depuis le divorce que nous partions avec lui. En montant dans la voiture, nous avons eu la surprise de découvrir une jeune femme que nous ne connaissions pas... "C'est Bénédicte, mon amie, nous lança notre père sans ménagement. Elle vient avec nous en vacances." Rien d'autre ! Aucun espace de parole ! Nous ne l'avions jamais rencontrée et nous ignorions même qu'il avait une compagne. Mon frère et moi, nous nous regardions effondrés, nous étions mis devant le fait accompli, sans aucune voix au chapitre. Nous avons vécu tout notre séjour aux Sables-d'Olonnes piégés, dans un terrible conflit de loyauté vis-à-vis de notre mère, nous sentant obligés de mentir quand nous lui racontions nos vacances. Je me souviens encore de cette impression d'avoir été niés, et trahis par notre père, qui était censé prendre soin de nous. J'étais angoissé par cette situation, en complète insécurité, je ne savais plus à quoi m'attendre... Quelle inconscience de sa part ! »

3. Connaître la stabilité, la continuité

Les plus petits trouvent leur sécurité dans les horaires fixes, la routine, les rituels du quotidien : le bain après le goûter, la petite histoire avant d'éteindre la lumière... Quand l'enfant va chez son autre parent, celui-ci ignore peut-être ces rituels et passe à côté, par manque de concertation avec son ex-conjoint : l'enfant s'endort perturbé de ne pas avoir eu son histoire, stressé d'avoir oublié son doudou dans l'autre maison. Le beau-parent peut aussi être à l'origine d'une rupture de continuité qui fragilise l'enfant.

> « J'ai fait une grosse gaffe avec ma petite belle-fille de 9 ans, reconnaît Claire, 39 ans. Trois ans après le décès de sa mère, son père avait gardé intact leur appartement. En m'y installant, j'ai ressenti le besoin de créer un environnement qui ne porterait pas autant l'empreinte de l'épouse décédée, car c'était un peu trop lourd pour moi de vivre avec ce passé. Pendant que Louise était en vacances chez sa grand-mère pour la Toussaint, j'ai changé la déco de la maison. J'ai compris mon erreur quand j'ai vu la tête de cette petite fille en rentrant à la maison : elle était effarée ! Elle a explosé de colère et a demandé à retourner chez sa grand-mère. Elle refusait de dormir ici. Je me suis sentie super coupable de l'avoir blessée. Je pensais bien faire et mon mari m'avait laissé carte blanche... À partir de ce moment-là, elle est restée braquée contre moi pendant au moins un an, alors qu'elle était très gentille avant. Elle m'en voulait à mort d'avoir effacé les traces de sa maman. Je n'aurais jamais dû faire ça sans lui en parler. C'était vraiment une énorme bêtise... »

Les enfants ont *besoin de constance* : ils sont affectés quand les projets changent toutes les cinq minutes parce que les parents ne se mettent pas d'accord ; ils sont perdus quand on leur annonce au dernier moment, juste avant de quitter la maison, qu'ils vont passer non pas deux mais quatre jours chez leur père... Si des changements trop fréquents bouleversent la vie de l'enfant, il peut avoir l'impression de perdre le contrôle de son environnement et réagir avec détresse ou colère. Trop de changements en même temps risquent de saturer ses capacités d'adaptation, relativement limitées. Il est indispensable d'étaler les changements à venir et de respecter au maximum le rythme de l'enfant.

4. Se sentir en sécurité dans la fratrie recomposée

Quand enfants et beaux-enfants sont mis en relation, que vous habitiez ensemble ou qu'ils ne se voient qu'épisodiquement, que se passe-t-il ? Du clash familial dès la première rencontre à la construction de liens d'une étonnante profondeur, tout est possible !

« C'est cool, se réjouit Yoni, 5 ans. J'étais tout seul avant. Maintenant, je joue avec les fils du copain de maman et je ne m'ennuie plus ! »

« Je n'aime pas quand ma maman fait des bisous à la fille de Pierre, son amoureux, explique Clara, 8 ans. J'ai envie qu'elle rentre chez sa mère parce que ça m'énerve que ma maman soit aussi gentille avec elle ! »

« Bof... j'ai pas grand-chose à dire au fils de mon beau-père, raconte Adrien, 14 ans. Nos chambres sont très éloignées l'une de l'autre, on n'a pas la même salle de bains et c'est tant mieux. Sinon, ça va. On s'entend pas trop mal... mais on n'a pas le choix, de toute façon. »

« C'est un petit garçon de 7 ans ! se désole Baptiste, 16 ans. Qu'est-ce que je peux avoir en commun avec un gamin de 7 ans ? On n'a pas du tout les mêmes centres d'intérêt et ça limite énormément les activités que je peux faire avec mon père. Il faut toujours que sa mère nous impose qu'il y en ait aussi pour son fils ! C'est nul ! »

Certes, les enfants peuvent établir entre eux des liens de qualité, mais d'inévitables rivalités sont à prévoir : par exemple, ils en voudront à leur père de consacrer trop de temps aux enfants de sa compagne, qui vivent sous leur toit, ou bien ils entreront systématiquement en conflit autour de l'ordinateur familial ou de la télévision. Dans tous les cas, les parents découvrent très vite qu'ils ont peu d'influence sur la manière dont les deux fratries vont s'entendre. Ce sont les enfants qui vont décider de l'issue de ces rencontres. Les parents doivent néanmoins veiller à préserver le territoire des uns et des autres et à faire preuve d'équanimité pour assurer l'équilibre affectif de chacun.

Les problèmes viennent souvent du mélange des territoires, comme le souligne Claire, 43 ans :

« Nous avons une organisation assez complexe. J'ai deux fils de 12 et 14 ans, Paul, trois filles de 3, 5 et 7 ans. Nos ex-conjoints respectifs ont la garde, et nos enfants viennent chez nous en alternance le week-end : un week-end les miens, l'autre les siens. Le problème c'est que nous n'avons qu'une seule chambre pour eux. Les petites l'ont colonisée avec leurs jouets... mais mes enfants, ados, ne se sentent pas à l'aise dans une chambre débordant de poupées et de peluches. Du coup, ils ont de moins en moins envie de venir car ils ne se sentent pas chez eux. Ça a été le drame lors des dernières vacances, quand ils se sont retrouvés au même moment à la maison : ils revendiquaient tous la chambre ! Ils ont été comme chiens et chats. Mes enfants commencent à me faire le reproche d'avoir créé une telle situation... La solution serait de déménager mais, pour l'instant, nous sommes un peu justes financièrement car mon mari reverse une partie non négligeable de son salaire à son ex... »

Tout ce qui peut mettre les enfants en rivalité ou en compétition doit être évité au maximum. Il s'agit certainement d'un vœu pieux, mais il est recommandé d'éviter de prendre systématiquement le parti de ses propres enfants quand un conflit éclate. Pour assurer la sécurité de tous au sein de la fratrie recomposée, il est bon d'établir le plus tôt possible des règles claires auxquelles tous les enfants devront adhérer sans exception. Des problèmes ou des frictions apparaissent inévitablement quand il existe de grosses différences dans les habitudes des deux fratries : les enfants de la mère sont par exemple interdits d'ordinateur après 20 heures, alors que ceux du père ont le droit de se coucher avec leur tablette ; les uns ont de très nombreuses activités extrascolaires, les autres aucune ; les cadeaux de Noël sont ouverts le 24 décembre au soir chez les uns, le matin du 25 chez les autres... Si l'on ne veut pas que les enfants soient perdus, il est important de mettre au jour ces différences au sein du couple, en amont (si possible avant de faire cohabiter les enfants), et de trouver ensuite les moyens d'harmoniser les styles de vie et les démarches éducatives.

Le besoin d'un cadre clair et de limites fiables

C'est un besoin fondamental, même si l'enfant se révolte et cherche à transgresser. Nous y reviendrons plus tard dans le chapitre consacré à l'autorité.

Le besoin de se sentir aimé, être écouté, pouvoir communiquer

L'enfant a besoin de relations affectueuses et stables, de sentir qu'il est écouté avec respect, attention et bienveillance. Plus il percevra une connexion émotionnelle avec les adultes qui prennent soin de lui, plus il sera détendu et en sécurité avec eux. Il a aussi besoin de sentir qu'il fait partie d'un groupe où il perçoit clairement sa place. Un petit garçon de 9 ans peut se sentir très déstabilisé s'il se retrouve, dans la nouvelle maison de son père, avec sa nouvelle belle-mère et son fils qu'il ne connaît pas, à devoir partager une chambre avec un complet étranger ! Placés dans une nouvelle configuration familiale, les enfants essaient de trouver au plus vite leur place, car l'incertitude et l'impression de flottement sont trop insécurisantes. S'ils n'y parviennent pas ou s'ils pensent qu'on ne veut pas qu'ils aient une place, ils vont être agressifs, ou déprimés, ou tout simplement refuser de venir. Le besoin de vivre en sécurité, en se sentant aimés et appréciés par ceux qui les entourent, concerne tous les enfants, ceux qui ne manifestent rien comme ceux qui font tout pour ne pas se montrer « aimables ».

Le besoin d'être reconnu et valorisé

Petits et grands sont sensibles aux compliments sincères qu'on leur fait, ainsi qu'aux marques de reconnaissance qu'on leur manifeste en réponse à leurs actes de gentillesse. Les enfants se sentent aussi valorisés s'ils ont l'impression d'être pris en compte dans les décisions familiales et s'ils perçoivent qu'on accorde de la valeur à ce qu'ils expriment ou choisissent.

> « Quand j'étais petite, mon père avait le talent de me faire me sentir très importante dans la famille, même si je ne vivais pas avec lui, se rappelle Agnès, 30 ans. Si j'avais formulé un avis ou un souhait un week-end, je constatais quinze jours plus tard qu'il l'avait pris en compte. Un jour que ma belle-mère et mon père discutaient de travaux dans la maison, j'ai dit que ce serait bien de m'installer un petit bureau sous l'escalier. Je pensais que mon envie passerait à l'as, mais deux semaines plus tard, j'ai découvert qu'ils avaient mis mon bureau là où je voulais ! Mon père avait une foule d'attentions comme ça, et j'avais ainsi l'impression de rester présente dans sa vie malgré mon absence. »

Le besoin d'être pris en compte en fonction de son âge

Être pris en compte à son niveau de développement et respecté dans sa façon de s'ajuster aux événements est essentiel. Chaque enfant est unique et se développe par étapes successives. Chaque âge a ses besoins. On ne peut pas demander à une petite fille de 6 ans la même compréhension qu'à un ado de 12 ans ! C'est une question de maturité mais aussi de tempérament : un enfant vif et extraverti peut facilement accueillir sa nouvelle belle-mère, alors qu'un autre, timide et introverti, aura besoin de plus de temps. Il faut laisser à chaque enfant suffisamment de temps et d'espace pour lui offrir la possibilité de se révéler en douceur.

Le besoin de jouer, d'explorer, d'être stimulé

Le jeu est, pour l'enfant, un moyen d'explorer et d'apprivoiser le monde qui l'entoure. C'est par là notamment qu'il peut tirer un bénéfice inattendu du divorce-remariage de ses parents : au lieu d'avoir deux adultes dédiés à son ouverture sur la vie, il en a désormais quatre ! En l'aidant à satisfaire sa curiosité et son besoin de découverte, un beau-parent peut ainsi gagner beaucoup de points. Faire avec lui ce qu'il n'a jamais fait avec ses parents invite l'enfant à percevoir cet adulte sous un jour favorable.

« Mon beau-père était dingue d'astronomie, se souvient avec émotion Fabrice, 34 ans. Mes parents n'étaient pas des scientifiques. Ma mère était plutôt littéraire et elle me confiait à mon beau-père pour observer les étoiles. J'ai eu accès grâce à lui à des choses fantastiques : j'avais 15 ans quand il m'a emmené passer une nuit à l'observatoire du pic du Midi, dans les Hautes-Pyrénées. C'est un de mes plus beaux souvenirs avec lui. Il est aujourd'hui décédé mais je garde en moi ce goût pour la recherche. C'est son héritage spirituel ! »

Comment les aider

Anticipez les conflits

La plupart des comportements hostiles résultent de la non-satisfaction de besoins fondamentaux. Ainsi, c'est le besoin d'être aimé qu'il faut entendre derrière une phrase comme « Je ne me sens plus aimé par papa » ou « Ma belle-mère ne m'aime pas » ; le besoin d'appartenance dans « Il n'y a même pas une vraie chambre pour moi » ; le besoin de sécurité dans « Maman est triste que papa ait une nouvelle amie ; elle ne l'aime pas et moi je suis mal à l'aise quand elle veut être gentille avec moi », ou bien le besoin d'anticiper derrière « Je ne sais pas si papa va venir nous chercher aujourd'hui ou demain », « Je ne sais pas si on va en vacances avec maman ou avec son copain » ; le besoin d'être pris en compte dans « L'amie de papa veut que je partage ma chambre avec son fils, mais il écoute sa musique trop fort et je ne peux pas faire mes devoirs », etc.

Quand ces besoins sont inassouvis, ou vécus comme tels, l'enfant « passe à l'acte ». Il peut aussi décompenser sur un mode anxieux ou dépressif, sans que l'entourage s'en rende forcément compte. En effet, un enfant peut masquer sa dépression par une attitude très hostile vis-à-vis de son entourage, qui ne verra que l'agression, pas la détresse sous-jacente.

N'oubliez pas non plus que les enfants, surtout quand ils sont petits, expriment parfois leurs besoins de façon très maladroite, sans prendre de gants comme le ferait un adulte.

Ainsi cette petite fille de 6 ans qui tient absolument à se mettre entre son père et sa belle-mère quand ils marchent dans la rue. Elle veut tenir la main de son père, et refuse ostensiblement celle de sa belle-mère. Cette dernière se fâche face à l'hostilité de la petite fille. Le père accuse sa compagne de réagir de manière infantile. Sa compagne lui en veut et ne peut s'empêcher de riposter avec véhémence : c'est le drame... Il y a certainement de la jalousie et une tentative de toute-puissance de la part de cette petite fille, mais il est utile de comprendre qu'elle exprime aussi sa peur de perdre l'amour de son père, sa place auprès de lui. Elle s'efforce de reprendre sa place en s'interposant brutalement entre son père et sa belle-mère.

Une manière d'aider la petite fille serait de la rassurer sur le fait qu'elle est aimée, envers et contre tout. Le père ou la belle-mère pourrait l'encourager à mettre des mots sur ses peurs afin d'en parler et de lui donner des réponses apaisantes. Cela ne résoudra pas tous les problèmes dans la minute, car c'est un travail de longue haleine, mais si l'enfant perçoit le message, il changera progressivement son comportement. Ainsi, plus vous parviendrez à identifier la nature du besoin inassouvi qu'exprime maladroitement l'enfant par son agressivité, mieux vous pourrez y répondre précisément.

L'enfant est en colère parce qu'il est tourmenté

La non-satisfaction des besoins n'est pas la seule explication aux comportements hostiles des enfants. Leurs réactions sont à l'image des tourments qu'ils traversent. La souffrance ne pardonne et n'autorise pas tout : il y a bien des limites que les enfants ne doivent pas dépasser. Mais il est important de percevoir la détresse, souvent dissimulée, plutôt que d'intervenir uniquement sur le comportement hostile.

Les façons de réagir au traumatisme d'une séparation ou du décès d'un des parents varient d'un enfant à un autre, au sein même d'une fratrie. L'un déprimera en s'isolant dans sa chambre, un autre se mettra à fumer du haschich, un autre cherchera à rassembler ses amis autour de lui parce qu'il puise force et sécurité dans son réseau relationnel, un autre ne parviendra plus à se concentrer en classe et ses résultats chuteront, d'autres enfin vivront les événements de façon assez sereine apparemment.

Qu'elle soit provoquée par un divorce ou un décès, la rupture du couple parental va entraîner des changements dans le quotidien de l'enfant ou de l'adolescent. Ses capacités d'adaptation vont être fortement sollicitées. Dès lors, il a de quoi réagir avec force quand son parent lui annonce l'arrivée dans sa vie d'une nouvelle personne.

Il est rare que, au moins durant une période, les enfants ne soient pas déstabilisés, et en colère. Pas forcément contre le nouveau compagnon ou la nouvelle compagne de leur parent, mais en colère globalement, face aux circonstances pénibles qui entourent sa venue : la perte de la cohérence familiale, le spectacle de la haine mutuelle de ses parents, leur amertume, leurs critiques, leurs conflits incessants, les changements de domicile, d'école, d'habitudes, le casse-tête des vacances ou des fêtes de Noël, la corvée de la résidence alternée, la perte du lien quotidien avec le parent dont on a tant besoin, quand ce n'est pas la douleur de son absence définitive... Les raisons d'être en colère sont nombreuses, c'est pourquoi il est facile de focaliser son hostilité sur le nouveau venu qui prétend prendre dans la famille une place qui ne lui revient pas. D'autant que cela permet d'être moins en colère contre son père ou sa mère. Avec son parent, l'enfant se réfrène par crainte de perdre son amour, avec l'autre il peut se lâcher. Il aura peut-être ainsi l'impression de ne pas tout subir, d'avoir le contrôle sur quelque chose...

L'enfant en deuil

Quand l'enfant a perdu un de ses parents, il a encore plus besoin de temps pour accepter que papa ou maman aime à nouveau. Pour certains, cette éventualité a un parfum de trahison : « Comment papa peut-il embrasser cette femme comme il embrassait maman ? », « Comment maman peut-elle avoir avec cet homme les mêmes gestes qu'avec papa ? Comment peut-elle l'avoir aussi rapidement oublié ? Il est inconcevable qu'elle refasse sa vie, c'est interdit, c'est indécent. » Ces sentiments exprimés d'une manière ou d'une autre par l'enfant plongent le parent dans une grande culpabilité... et une profonde détresse.

> « Ma fille aînée est impitoyable, se désole Anne, 49 ans, veuve depuis trois ans. J'ai rencontré Pierre un an et demi après le décès de mon mari. J'ai longtemps gardé secrète cette relation car je savais qu'elle perturberait trop mes enfants. Je me sentais aussi un peu coupable vis-à-vis d'Henri... Quand j'ai révélé ma relation, ma fille s'est déchaînée : elle m'a traitée de tous les noms, s'est montrée insultante envers Pierre, qu'elle n'a d'ailleurs jamais rencontré. Elle m'accuse toujours d'avoir oublié son père et m'a même dit un jour : "Tu devrais passer le reste de ta vie à cultiver son souvenir !" La situation est bloquée car elle campe sur ses positions. Pierre me dit qu'il faut être patient, qu'avec le temps les choses vont se calmer... J'ai de la chance d'avoir rencontré un homme aussi compréhensif. Mais je souffre de cette situation car je vois ma fille tourmentée et malheureuse... En même temps, il m'est impossible de m'imaginer vivre sans amour jusqu'à la fin de mes jours : je ne peux pas la laisser avoir autant d'emprise sur ma vie affective ! »

Si tous les enfants ne restent pas longtemps en colère, tous accusent le coup à l'arrivée de la nouvelle compagne ou du nouveau compagnon de leur parent. Il leur faut un certain temps pour assimiler cette nouvelle présence. Sur le moment, ils ne comprennent pas qu'elle puisse être une aubaine pour eux aussi. Les enfants souffrent souvent de voir leur parent dans la solitude, ils en conçoivent même de la culpabilité. La présence du nouveau compagnon ou de la nouvelle compagne libère l'enfant. Affranchi du poids de la solitude de son parent, il peut aller vers les bonheurs de sa propre vie.

L'enfant de parents divorcés

L'arrivée d'un beau-parent représente l'inconnu pour un enfant : il ne sait pas à quoi s'attendre. Or les enfants – surtout les plus jeunes – détestent ce qui menace la sécurité et la prévisibilité de leur petit monde. Leur résistance au changement est quasi automatique, même si, dans le meilleur des cas, elle ne dure pas trop longtemps. Il y a là un mécanisme inconscient de protection : ils ont perdu leur harmonie familiale et le lien privilégié avec un parent qu'ils ne voient désormais que par intermittence. Comme ils ont souffert de cette fracture, vont-ils prendre le risque d'investir le nouveau compagnon de maman ou la nouvelle amie de papa ? N'est-il pas plus sage de se préserver d'une nouvelle rupture, au cas où la nouvelle histoire d'amour de leur parent ne fonctionnerait pas ?

Cette réaction est d'autant plus forte que le parent divorcé a eu plusieurs relations éphémères avant cette dernière rencontre. S'il a présenté trop vite à ses enfants des personnes qui ne sont pas restées longtemps dans sa vie, il n'est pas surprenant qu'ils soient quelque peu réticents à s'ouvrir à quelqu'un qui disparaîtra peut-être aussi du jour au lendemain.

Le remariage du parent

Les enfants de parents séparés, en particulier les petits, nourrissent très longtemps le secret espoir que leur papa et leur maman reviendront un jour ensemble et que « tout redeviendra comme avant ». L'annonce d'un mariage signe l'arrêt de mort de cet espoir et met au pied du mur de la réalité : « Mes parents, définitivement séparés, ne se remettront plus jamais ensemble », peut se dire l'enfant. Alors, loin de se réjouir de voir leur parent à nouveau heureux (comme il ou elle l'espérait), certains petits se désespèrent de ce retournement de situation. C'est ce que rapporte Maryse, 46 ans, remariée avec Stéphane, qui a la garde de sa fille de 8 ans :

> « Un jour, lorsque je suis rentrée à la maison après mon travail, les photos de notre mariage, qui étaient habituellement sur une petite table dans le salon, avaient disparu. Je ne comprenais pas où elles étaient passées. En jetant les poubelles, je les ai découvertes déchirées en petits morceaux. Je suis allée trouver ma belle-fille, qui a tout avoué en pleurant : elle voulait que son père revienne avec sa maman car celle-ci était très triste depuis notre remariage. Elle avait détruit les photos comme pour annuler la réalité de notre union. J'aurais pu me mettre en colère, mais je me suis mise à sa place et j'ai compris ce qu'elle ressentait. Mon mari et moi l'avons prise tendrement entre nous ; il lui a expliqué qu'il ne vivrait plus jamais avec sa maman, mais qu'ils resteraient unis pour prendre soin d'elle – et moi, Maryse, je l'aiderais à rester proche de sa maman

(on en avait parlé ensemble avant). En fait, Lisa avait peur que son univers se fragmente encore plus. Je crois qu'elle a été rassurée par cette conversation car, la semaine d'après, elle m'a demandé si je pouvais réimprimer les photos qu'elle avait déchirées. »

Ne provoquez pas de conflit de loyauté

Prenons un exemple : une femme, mère d'un jeune enfant, divorce de son mari ; un an et demi plus tard, celui-ci se remarie. Quel discours tient la mère à son enfant sur ce remariage ? Que dit-elle de la nouvelle épouse de son ex-mari ? Est-elle pacifiée et dans l'acceptation de ce que vit son ancien conjoint ? Pour le bien-être de son enfant, parle-t-elle de cette nouvelle compagne avec respect, même si elle n'en pense pas moins ? Cherche-t-elle à ce que son enfant établisse avec elle une relation cordiale, même si cela la dérange en son for intérieur, ou tente-t-elle au contraire, plus ou moins consciemment, de le dresser contre elle ? Certaines pensées n'ont pas besoin d'être formulées explicitement pour être perçues par les enfants : « Cette femme a causé le départ de ton père : elle est responsable de notre malheur », « Votre père refait sa vie, moi, je reste seule à t'élever », « Elle dilapide les biens de ton père qui devraient te revenir », « Tu me ferais beaucoup de peine si tu lui manifestais de l'affection », « Va t'amuser chez ton père et sa pouffiasse, vas-y, mon chéri ! Moi, je vais rester seule à la maison ! »...

Il est vrai que, bien heureusement, la plupart des parents ne tiennent pas de tels propos : ils font preuve de discernement et d'élégance dans leur attitude envers la personne qui partage la vie de leur ancien conjoint. Mais certains n'y parviennent pas.

Quoi qu'il en soit, cette attitude place l'enfant dans un *conflit de loyauté* : il se retrouve partagé entre deux postures qui se contredisent l'une l'autre. Il lui est impossible de faire un choix viable émotionnellement. Pour reprendre l'exemple d'une mère critiquant sévèrement la nouvelle compagne de son ex-mari, l'enfant est pris entre deux feux : d'un côté, s'il va dans le sens de sa mère et lui obéit quand elle lui demande de dénigrer son père et sa nouvelle amie. Il est contraint de s'opposer à eux, ce qui signifie, pour lui, qu'il s'expose au risque de perdre l'amour de son père ; mais s'il suit son père qui l'invite à accueillir sa nouvelle compagne, il prend le risque de perdre l'amour de sa mère, puisqu'il se montre alors déloyal envers elle. C'est inextricable : qu'il opte pour la fidélité à son père ou la fidélité à sa mère, il se met en porte-à-faux par rapport à l'un ou l'autre de ses parents : choisir son père le conduit à trahir sa mère, et réciproquement.

Comment sortir de ce dilemme ? En choisissant finalement là où il se sent le plus en sécurité. On constate que, la plupart du temps, les enfants vont vers la sécurité de leur mère, a fortiori si elle est malheureuse, ce qui contraint certains à étouffer les émotions et les sentiments positifs qu'ils nourrissent à l'égard de leur père.

« Avec le recul, je me sens mal à l'aise avec la manière dont j'ai traité mon père quand j'étais enfant, se reproche Bénédicte, aujourd'hui âgée de 30 ans. Ma mère éprouvait une haine farouche envers mon père, qui l'avait trompée. Quand mon père s'est remarié, j'ai senti qu'il était inconcevable pour ma mère que je puisse apprécier cette nouvelle femme et prendre du plaisir à aller les voir. Je me sentais tellement coupable de lui faire de la peine que j'ai fait volte-face par rapport à mon père. J'ai commencé à critiquer ma belle-mère quand je revenais de mes visites chez eux. Je devenais une sorte d'espionne qui faisait un récit malsain de tout ce qui se passait chez mon père... et je voyais que cela réjouissait ma mère ! Alors je redoublais d'efforts pour la satisfaire, en dénigrant encore plus mon père et sa compagne. Je réalise maintenant que cela m'a coupée de lui, alors que j'avais énormément besoin de son amour. Mais à l'époque, je ne m'en rendais pas compte : il fallait que je sois fidèle à ma mère, quel que soit le prix à payer. Je ne pouvais pas me permettre de me la mettre à dos. »

« Je sens que le fils de mon mari est très perturbé, explique Vanessa, 37 ans. Sa maman a du mal à accepter que Julien se soit remarié avec moi. Et j'ai l'impression que c'est ce petit bonhomme de 9 ans qui en fait les frais... Quand il était en vacances avec nous, l'été dernier, il s'est passionné pour le judo et je l'ai vivement encouragé à poursuivre cette activité pendant l'année scolaire. Il était très enthousiaste et nous avons recherché ensemble les clubs à proximité de chez lui. Quand je l'ai revu quinze jours après la rentrée, il était devenu très négatif et très critique : le judo, c'était nul, sans intérêt, et il ne voulait plus en entendre parler. J'étais très étonnée, jusqu'à ce que j'apprenne, par mon mari, que son ex avait été furieuse que j'"impose" cette activité à son enfant ; ce n'était pas mon rôle d'interférer dans la vie de son fils ! J'ai vu que ce petit garçon n'avait pas eu d'autre choix que de rejeter ce sport qui semblait lui faire plaisir. Je n'ai rien dit pour ne pas le mettre dans une position encore plus difficile. C'est vraiment dommage... »

Pour aider l'enfant à sortir sainement de ce dilemme, il est nécessaire que ses deux parents parviennent à se parler en bonne intelligence. Encore faut-il que cela soit possible... A minima, le parent blessé devrait au moins s'abstenir de propos négatifs vis-à-vis de la compagne ou du compagnon de l'autre parent. En adoptant un discours neutre, sans jugement, il éviterait à son enfant une position intenable – qui consisterait par exemple à lui interdire d'embrasser son beau-parent ou à lui demander un compte rendu détaillé de tout ce qui se passe dans l'autre foyer. C'est probablement pour éviter toute tension que beaucoup d'enfants de parents séparés s'abstiennent de raconter quoi que ce soit à l'un sur ce qui passe chez l'autre.

Ne le laissez pas prendre le pouvoir

Qu'il soit très jeune ou adolescent, un enfant dispose de toutes sortes de ressources pour parvenir à ses fins. Quand il veut quelque chose, il est capable de tout pour l'obtenir. C'est de bonne guerre. Mais dans une famille recomposée, mauvaise conscience aidant, parents et beaux-parents se retrouvent parfois à rechercher plus ou moins consciemment l'approbation des enfants, jusqu'à leur donner un pouvoir démesuré – un pouvoir que des enfants n'ont pas la capacité d'exercer sainement. Il en résulte des abus qui peuvent faire exploser la famille.

> « J'avais 14 ans, se rappelle Benjamin, aujourd'hui âgé de 29 ans. Je ne m'entendais pas bien avec Esther car j'avais l'impression qu'elle voulait faire la loi à la maison et je n'étais pas d'accord. Un jour que je m'opposais à elle pour un détail que j'ai oublié, j'ai vu que mon père ne réagissait pas, alors que j'étais vraiment très dur avec elle et qu'elle lui demandait de prendre son parti. Mais il ne m'a rien dit. Tout ce qu'il a trouvé à faire, c'est de lui demander de se calmer. Et là, j'ai compris un truc : mon père avait peur ! Il avait peur d'entrer en conflit avec moi et il était prêt à sacrifier Esther pour éviter ça ! Je n'en étais pas pleinement conscient à l'époque, mais je sentais que j'avais sur lui un énorme pouvoir ! Je pouvais faire tout ce que je voulais comme conneries, il ne dirait rien parce qu'il avait peur que je le critique à cause du divorce et de son infidélité envers ma mère. Je me suis senti tout-puissant, sans limite… Trois ans plus tard, mon père et Esther divorçaient. Je ne pense pas que ce soit de ma faute, mais je n'y suis peut-être pas pour rien… »

À retenir

Il n'y a pas de recettes toutes faites, mais on peut tout de même formuler des conseils particuliers pour les beaux-parents :

• Que vous soyez d'accord ou non avec ce qu'ils disent ou ce qu'ils font, mettez un point d'honneur à ne *jamais* critiquer leurs parents devant vos beaux-enfants. Pour votre quiétude émotionnelle, ne placez pas l'enfant dans une position où il devrait choisir entre vous et son parent : il prendra toujours le parti de son parent, même si celui-ci a tort ! Faites preuve de respect envers l'ex de votre conjoint et essayez de le ou la valoriser aux yeux des enfants. Si c'est au-dessus de vos forces, restez neutre. Ne vous posez ni en rival(e) ni en remplaçant(e) de ce parent.

• Efforcez-vous d'accorder une réelle attention à l'enfant. Montrez-lui que vous êtes attentif(ve) à ce qu'il vit et ressent et donnez-lui des preuves de votre intérêt ou, le cas échéant, de votre affection. Mais ne nourrissez pas trop d'attentes en retour !

• Ne quémandez pas l'attention ou l'affection de vos beaux-enfants. Et n'essayez pas de les acheter, ils percevraient le caractère factice de votre démarche.

• Soyez aussi fiable et constant(e) que possible dans vos positions. Votre stabilité et la prévisibilité de votre comportement sont source de sécurité, surtout pour les plus jeunes.

• Face aux attaques du type « Tu n'es pas ma mère » et autres gentillesses, il est recommandé de préparer quelques répliques qu'on pourra répéter calmement. Par exemple : « Non, je ne suis pas ta mère, mais c'est moi l'adulte dans cette maison. Il y a une règle : chacun débarrasse la table à tour de rôle.

Je le fais, ton père le fait, ta sœur le fait, toi aussi tu vas le faire ! »

- Les enfants aiment les activités de groupe, les ados les fuient. Les sorties en famille les hérissent, d'autant plus s'ils n'adhèrent pas à la « famille » que vous leur proposez. Les activités à deux ou trois avec son parent sont plus appréciées, car l'ado se sent souvent davantage pris en compte en petit comité.
- Les enfants, quel que soit leur âge, sont souvent perturbés – voire choqués – par les manifestations d'affection trop marquées des adultes. Sans vous interdire tout geste de tendresse devant les enfants, il est important de le faire de façon mesurée. L'attitude triomphaliste suggérant : « Vous voyez, les enfants : votre père m'adore. Quoi que vous puissiez faire... » est à proscrire.

Y a-t-il un âge où les enfants acceptent plus facilement la famille recomposée ?

Un enfant jeune accueille-t-il plus facilement un beau-parent ? Les ados se montrent-ils systématiquement hostiles ? Un jeune adulte comprendra-t-il avec plus de maturité la nouvelle situation affective de ses parents ? S'il existe certainement autant de réponses que de cas de figure, il est tout de même intéressant de réfléchir à quelques généralités, car de nombreux parents et beaux-parents se posent ces questions.

Jusqu'à environ 2 ans

On peut imaginer qu'un bébé pris en charge à temps partiel ou à plein temps par un beau-parent va développer avec lui ou elle des liens émotionnels proches de liens parentaux, une vraie relation d'attachement car elle est spontanée, quasiment instinctive chez l'enfant petit. Pour la belle-mère, il peut être délicat d'avoir à prodiguer des soins à un tout-petit si elle n'a aucune expérience de la maternité. Si la mère n'est pas décédée et que des relations avec elle sont possibles, la belle-mère tirera bénéfice à solliciter ses conseils, tandis que la mère sera rassurée de mieux connaître celle à qui est confié son enfant.

L'enfant de moins de 10 ans

« Mon compagnon a eu une très jolie idée pour que sa fille de 7 ans et son petit garçon de 5 ans m'accueillent favorablement, sourit Pascale, 51 ans. J'ai un chien et mon ami l'a un jour amené chez lui, en disant que je le lui avais confié pour le week-end. Les enfants l'ont adoré ! Quand est arrivé le dimanche soir, il leur a dit qu'il devait me le rendre. Concert de protestations : "Pourquoi est-ce qu'elle ne nous le laisse pas ?" Il leur a expliqué que je pourrais venir vivre avec eux... Quand je suis arrivée quelque temps plus tard, ils se sont jetés dans mes bras ! Depuis, nous vivons très tendrement liés. Quand j'entends toutes ces histoires terribles de famille recomposée, je me dis que j'ai beaucoup de chance : jamais je n'aurais espéré vivre quelque chose d'aussi simple et d'aussi doux. »

Les difficultés rencontrées semblent moindres pour ce groupe d'âge, quel que soit le sexe de l'enfant.

Certains considèrent même que c'est la tranche d'âge idéale pour entrer dans sa vie. De fait, les moins de 10 ans font preuve d'une étonnante capacité d'adaptation à la nouvelle situation, parce qu'ils aspirent fortement à une harmonie familiale, garante de leur sécurité. Les nouveaux rythmes de vie et la présence de ce nouvel adulte deviennent rapidement une réalité qu'ils ne questionnent pas : cela devient leur réalité – une réalité que d'ailleurs beaucoup de leurs petits camarades partagent avec eux.

Dans le meilleur des cas, le beau-parent découvre un enfant vif, beaucoup moins réticent à partager sa vie avec lui que ce qu'il imaginait. Et la rencontre avec ce petit être curieux de tout peut être un bénéfice secondaire inattendu à la relation amoureuse du nouveau couple. Parfois, les choses se passent si bien qu'on se demande comment se faire appeler par ses beaux-enfants. Il est préférable de réserver « maman » et « papa » aux parents et d'encourager l'enfant à appeler son beau-parent par son prénom ou par un diminutif à connotation non parentale.

Lorsque les enfants de cette tranche d'âge manifestent des résistances, voire une franche opposition, c'est souvent en raison de rapports de compétition pour conserver l'amour de leur parent.

« Le soir de ma première rencontre avec elle, raconte Éloïse, 35 ans, Aurore, ma future petite belle-fille de 5 ans, s'est plantée devant moi et m'a dit droit dans les yeux : "Toi, tu ne vas pas épouser mon papa parce qu'il va se marier avec moi ! Il ne faut pas que tu restes ici !" Mon ami a souri – c'est vrai que la réaction de sa fille était touchante et super mignonne. Moi aussi, j'ai souri... Mais j'ai vite compris qu'il ne serait pas facile de faire comprendre à cette enfant que j'allais prendre beaucoup de place dans la vie de son père. Et ça n'a effectivement pas été de tout repos entre nous par la suite... »

Entre 2 et 5 ans, les enfants peuvent exprimer leur ressenti de façon très directe. Par exemple, un petit garçon de 4 ans pourra dire à sa belle-mère qu'elle est moche et qu'il ne l'aime pas. Un autre, à 6 ans, n'hésitera pas à passer à l'acte pour manifester sa réprobation.

« Eugène me donnait des coups de pied dès que je rentrais chez son père ! se souvient Maryse, 38 ans. Il n'était pas content de me voir et le montrait clairement ! Il a fallu que son père lui parle en face à face et lui interdise de se comporter de façon aussi agressive avec moi. Pendant trois mois, il m'a ignorée. Puis il a commencé à s'approcher, comme ça, l'air de rien, un jeu à la main. Il me tournait autour et retournait dans sa chambre. Je le voyais se débrouiller comme il pouvait avec une situation très compliquée pour lui et ça m'a profondément touchée. Depuis, nous avons construit une belle relation de confiance. »

Si les adultes ne font pas preuve de constance, les enfants de cette tranche d'âge s'inquiètent et se braquent. C'est pourquoi il est essentiel que ses jours de présence, les horaires, les vacances, les changements dans la maison ou dans sa chambre soient planifiés et expliqués à l'enfant, dans les limites de sa compréhension, de même qu'il faut, dans la mesure du possible, le prévenir au plus tôt des changements inopinés. Plus il sentira que son environnement est calme, stable et prévisible, plus il entrera avec aisance dans sa nouvelle vie.

Les préadolescents et les adolescents

L'adolescence est, par excellence, la zone de turbulences qui met la famille recomposée à rude épreuve. Le beau-parent arrive à un moment critique dans la vie de l'adolescent : celui-ci est en train de disqualifier ses parents. Il remet en cause leur autorité, la sagesse de leurs décisions et leur crédibilité. Il se cherche et, en quête d'une nouvelle identité, tente coûte que coûte de se démarquer de son enfance et de se dissocier de ceux qui veulent s'opposer à son désir d'autonomie. Il veut vivre une existence propre, loin des références et des exigences familiales, en valorisant son réseau amical. L'ado reste néanmoins très dépendant de son environnement familial, et il n'a pas les moyens de ses revendications. Cette dépendance l'exaspère ! Les comportements qui découlent de ces aspirations contradictoires sont certes pénibles à vivre pour le parent, mais elles peuvent devenir insupportables pour le beau-parent qui se demande au nom de quoi il doit ainsi tout encaisser !

Parents et beaux-parents ne sont pas sur la même longueur d'onde que l'ado : eux cherchent à construire une nouvelle famille, lui cherche à s'en affranchir ! En général, le beau-parent se met en quatre pour créer des conditions de vie agréables. Les belles-mères, en particulier, tentent de répondre du mieux possible aux demandes ou aux exigences de l'adolescent. Lui se focalise sur la satisfaction de ses besoins : il revendique liberté et indépendance et se sent peu lié à ce qui se passe à la maison. Il considère qu'il a peu d'efforts à fournir pour s'adapter à une situation qu'il s'apprête de toute façon à quitter à plus ou moins court terme. Participer à l'édification de cette nouvelle famille ne fait donc pas partie de ses priorités.

> « Ma mère a épousé ce mec – pas moi ! s'exclame Baptiste, 16 ans. Je ne lui dois rien. Il n'a aucune autorité sur moi. Il est transparent, il n'existe pas ! »

Le beau-parent est l'exutoire rêvé à l'agressivité contenue de l'adolescent, d'autant plus s'il le perçoit un peu mal à l'aise face à lui et en quête d'approbation... Quel bonheur de se défouler sur quelqu'un qui n'osera pas vous remettre à votre place, par peur de perdre la sienne ! L'adolescent peut alors se montrer inflexible au point de faire exploser son beau-père ou fondre en larmes sa belle-mère... Si l'ado connaît son beau-parent depuis l'enfance, il peut lui faire subir une double peine : il tire à vue sur lui, comme il le fait avec son père ou sa mère, et il n'a pas de scrupule à l'agresser, puisque, de toute façon, cette personne n'est pas son père ou sa mère !

Avec la séparation, le préado ou l'ado a vu s'effondrer la sécurité de son cadre de vie. Consciemment ou non, il en éprouve un certain ressentiment vis-à-vis de ses parents, même s'il ne l'exprime pas explicitement. Son beau-parent cristallise le bouleversement familial, peu importe s'il est arrivé bien après le divorce !

« Mon épouse est décédée quand nos fils avaient 10 et 12 ans, raconte Renaud, 46 ans. Trois ans plus tard, quand j'ai rencontré Sophie et que je lui ai proposé de venir vivre à la maison, ils étaient habitués à ce que je fasse tout pour eux. Je reconnais que je les ai surinvestis après le décès de leur maman : je faisais tout à la maison et je ne leur demandais rien. Ils souffraient et cela me faisait du bien de m'oublier pour eux. Quand Sophie a commencé à leur demander des petites choses, comme mettre le couvert ou leur linge sale dans le panier, ils se sont braqués. Ils n'acceptaient pas qu'elle remette en question leurs habitudes de petits pachas ! Ils me répétaient sans cesse qu'ils n'avaient pas besoin d'une femme comme ça chez eux ! Il a fallu beaucoup de temps pour que les choses changent car le pli était pris depuis longtemps. Les premières années n'ont vraiment pas été faciles, c'est le moins qu'on puisse dire… »

Quand l'adolescent a une dent contre son beau-parent, c'est en fait essentiellement à la situation qu'il en veut, à la place particulière de cette personne dans sa vie, pas nécessairement à la femme ou l'homme qui l'incarne. Néanmoins, il a tendance à confondre la personne et sa fonction, incapable de faire la distinction. C'est important à comprendre afin de ne pas prendre ces attaques pour soi, de les dépersonnaliser.

« J'ai été effrayé par la détermination de ma fille, reconnaît Pietro, 43 ans. À 15 ans, elle était très agressive avec ma nouvelle compagne si bien que j'ai décidé un jour d'aller déjeuner avec elle pour faire le point et tenter de comprendre son attitude. Elle a été très claire :

"Je veux que tu quittes cette femme. Je ne veux pas vivre avec elle. Je ne l'aime pas. Je vais tout faire pour qu'elle parte." J'ai essayé de comprendre pourquoi elle ressentait autant de haine pour elle mais elle me répétait en boucle : "Je ne l'aime pas. Je ne veux pas d'elle dans ma vie. Un point, c'est tout." J'étais complètement démuni car je ne voyais pas comment la faire changer d'avis. Finalement, elle a été tellement infernale avec ma compagne que j'ai été obligé de lui prendre une petite chambre de bonne dans l'immeuble. Elle ne vient à la maison que quand mon amie n'est pas là. La situation reste très tendue et cela a abîmé notre relation. Je sais qu'elle m'en veut terriblement d'avoir donné la priorité à mon couple, mais je ne pouvais pas la laisser tout détruire. »

Ce récit témoigne d'une situation fréquente. Sans en faire une règle, car il existe de nombreux contre-exemples, il est vrai que la relation entre belle-mère et belle-fille est souvent explosive à l'adolescence. Les rivalités et les luttes de pouvoir sont acharnées, les marques d'irrespect et le désir de détruire le couple peuvent devenir redoutables. Les conflits prennent parfois une telle ampleur que les adultes ne parviennent plus à prendre soin de leur relation : ils se dressent alors l'un contre l'autre, le père prenant le parti de sa fille au détriment de son épouse, la belle-mère s'épuisant à apaiser la situation...

À l'adolescence, les enjeux qui étaient ceux de l'enfant à 4 ans (« Plus tard, je me marierai avec papa ») se réactivent. Si papa n'a pas de femme, l'adolescente se sent vraiment la reine. Ce n'est pas lui rendre service que lui donner l'illusion que cette relation idyllique peut se prolonger. De même que le garçon ne peut pas prendre la place de l'homme auprès de sa mère.

Là, plus que jamais, il est impératif de prendre de la distance et de décider de redonner la priorité à son couple. Si on s'évertue constamment à calmer un adolescent ou une adolescente qui cherche à détruire la relation, on court à sa perte. Dans ce cas, il est sage de limiter son implication auprès d'elle ou de lui, voire de se désengager. Il est parfois nécessaire de revoir les conditions de résidence et de visite, et même d'envisager que l'ado aille vivre chez son autre parent quand la situation devient trop menaçante pour la relation de couple. Nous reviendrons sur cette extrémité au chapitre « Vivre ensemble ».

Les jeunes adultes

On pense que les jeunes adultes acceptent facilement la nouvelle vie de leur parent, qu'il soit veuf ou divorcé. C'est souvent le cas car, engagés dans leurs propres histoires d'amour et ayant un avenir à construire, ils n'ont plus besoin de lui pour satisfaire leurs besoins fondamentaux. Beaucoup accueillent avec grâce le nouveau conjoint de leur parent. Pourtant, on constate que les peurs que nourrissent les plus jeunes se retrouvent chez les enfants désormais adultes : ils craignent de perdre l'affection de leur parent, de devenir moins importants à ses yeux maintenant que sa vie tourne autour de quelqu'un d'autre. Certains se sentent même en compétition affective avec cette personne, même s'ils perçoivent le caractère absurde et enfantin d'un tel ressenti...

Beaucoup gardent aussi la nostalgie de la famille d'autrefois qui, dans leur souvenir du moins, évoque un temps de paix et d'harmonie.

« J'ai été odieuse avec mon père, reconnaît Ambre, 26 ans. C'était le premier Noël que nous passions ensemble depuis qu'il s'était remarié avec Alice. Mon petit frère était là avec sa copine. Tout se passait bien, en apparence, mais j'étais super énervée quand je voyais mon père couvrir Alice de bisous. Un vrai ado ! Je trouvais cela presque indécent de faire ça sous notre nez ! J'ai été très désagréable avec eux au cours de la soirée et je sais que mon père en a été blessé... Alice est pourtant une femme charmante, je n'ai rien contre elle, c'est à mon père que j'en voulais. C'était plus fort que moi, comme si j'avais besoin de le punir. Je ne pouvais pas m'empêcher de penser à ma mère et à la solitude dans laquelle elle est toujours, six ans après le divorce. Ça me reste sur le cœur, mais je n'arrive pas à en parler à mon père pour le moment... »

L'enfant adulte développe parfois une attitude très protectrice à l'égard de son parent, au point de voir arriver avec méfiance la nouvelle personne qui va prendre tant de place dans sa vie : « Va-t-elle le rendre heureux ? Est-elle fiable ? Ne traîne-t-elle pas trop de casseroles ? Mon père n'est-il pas trop influencé par elle ? Est-elle sincère ou intéressée ? Vont-ils avoir un enfant ? Dans ce cas, quelles seront les conséquences pour moi, l'"enfant légitime" ?... Autant de questions qui peuvent mettre un bémol à l'accueil du nouveau conjoint, qui se sent souvent jaugé lors des premières rencontres...

En tant qu'adultes, les enfants se permettent aussi des comportements désobligeants que les plus jeunes ne s'autoriseraient pas : reprendre leur belle-mère au cours d'une conversation pour lui signifier que ce qu'elle raconte est faux ou stupide, porter devant témoins un jugement négatif sur sa manière d'élever son fils ou sa fille, commenter ses travers...

« J'ai renoncé à accompagner mon mari quand il va rendre visite à sa fille, raconte Edwige, 44 ans. Je comprends qu'il ait envie de voir son petit-fils, mais faire face à sa fille est au-dessus de mes forces. À peine ai-je franchi la porte de leur maison qu'elle m'agresse d'une façon ou d'une autre. Elle est très fine, donc agit avec beaucoup de subtilité et d'intelligence, mais les bombes qu'elle envoie avec son grand sourire hypocrite n'en sont que plus violentes. J'ai essayé de passer outre mais c'est impossible. Elle était beaucoup plus gentille quand elle était plus jeune. Son attitude a changé quand elle a eu son fils. Maintenant, je m'abstiens de tout contact avec elle. Mon mari me soutient mollement, il reste très en retrait et ne cherche pas à intervenir pour régler le problème entre sa fille et moi : je crois qu'il ne souhaite pas prendre le risque de se fâcher avec elle et de ne plus voir son petit-fils. Je comprends, mais ça me fait de la peine. »

Rassurez-vous, les choses peuvent aussi très bien se passer ! Si vous avez connu vos beaux-enfants jeunes, il est possible qu'avec le temps, une fois ceux-ci devenus adultes, les relations deviennent plus profondes. Quand eux-mêmes divorcent ou construisent une famille recomposée, il n'est pas rare qu'ils mesurent tout ce qu'ils vous ont fait subir et vous présentent des excuses !

La naissance d'un nouvel enfant

La question d'avoir un enfant se pose quasi systématiquement si la femme est encore en mesure de procréer. Même si, bien évidemment, l'homme lui aussi peut désirer devenir ou redevenir père, ce désir est souvent porté d'abord par la femme.

« Maxime avait déjà deux enfants quand nous nous sommes rencontrés, se souvient Jennifer, 34 ans. Nous avions neuf ans de différence. Je voulais un enfant, c'est à cette condition que j'ai accepté de l'épouser. Je ne serais pas allée plus loin s'il avait refusé. »

« Quand j'ai rencontré Béatrice, explique Valentin, 48 ans, j'avais deux fils de 16 et 18 ans et Béatrice une petite fille de 7 ans. J'ai été très clair avec elle dès le début : je ne voulais pas d'autre enfant. Elle a accepté... Un an après, elle est revenue à la charge : "J'ai viscéralement besoin d'un enfant de toi." Je lui ai rappelé notre discussion mais elle ne voulait rien entendre : elle voulait être mère à nouveau. Elle m'a parlé d'horloge biologique, de concrétisation de notre amour et plein d'autres arguments de ce type... Et puis, à la fin de la conversation, elle a laissé échapper : "Comme ça, j'aurai une vraie place dans cette maison..." »

Explorer le désir d'enfant

Le désir d'enfant a une coloration particulière dans le cadre de la famille recomposée. La question est souvent centrale pour une jeune femme qui n'a pas encore été mère : le couple qu'elle est en train de former offre l'opportunité de concrétiser ce désir. Pour certaines, c'est d'ailleurs *la* condition à cette union, en l'absence de laquelle elles refuseront de poursuivre la relation. D'autres commencent par penser qu'en prenant soin des enfants de leur compagnon, elles combleront leur besoin de maternité... pour finalement réaliser qu'il n'en est rien !

L'expérience montre que, sans remettre en question la légitimité ou le bien-fondé de ce désir, il est utile de réfléchir aux motivations conscientes et inconscientes qui peuvent l'influencer. Et mieux vaut y penser le plus tôt possible une fois la relation installée, afin de ne pas partir sur un malentendu.

Le désir d'être mère peut résonner avec d'autres espoirs : besoin de concrétiser cette nouvelle union pour se rendre légitime aux yeux d'autrui, notamment auprès du circuit de relations antérieures du partenaire et des membres de sa belle-famille ; souhait de combler un besoin d'appartenance à cette famille ; nécessité de se rassurer sur la pérennité de cette nouvelle union, l'arrivée d'un enfant étant censée l'inscrire dans la durée. S'agit-il d'une manière d'asseoir son autorité au sein de la famille, en devenant une mère à part entière, fondée à avoir une autorité dans la famille, sur les enfants et beaux-enfants, à imposer des règles ? Ou de se mettre sur un plan d'égalité avec la mère de ses beaux-enfants ? Est-ce une façon de rompre le déséquilibre entre soi et son compagnon, qui est déjà parent ? Ou encore une manière de réduire la contrainte de s'occuper de ses beaux-enfants parce que, quitte à s'occuper d'enfants, autant s'occuper aussi du sien propre, non ?

Ces espoirs de changement de statut au sein de la famille ne sont pas incompatibles avec un authentique désir d'enfant. Certaines de ces attentes sont d'ailleurs tout à fait légitimes et réalistes. Mais en avoir conscience peut être utile.

Quand le compagnon ne souhaite pas d'autre enfant

« J'ai trois enfants, c'est bien ! déclare Stéphane, 42 ans. Je n'ai aucune envie de connaître à nouveau le cirque des premières années. J'ai assez donné avec mes gamins et j'aspire maintenant à autre chose ! Le problème, c'est que ma compagne veut absolument un enfant, alors que moi, je suis déjà passé à une autre étape de ma vie... »

« Vous savez, un divorce, c'est dur pour tout le monde, explique Martial, 43 ans. La mère et les enfants morflent, mais le père aussi : je souffre tous les jours de ne pas voir grandir mes filles ; je suis triste de ne pas être là auprès d'elles quand elles ont besoin de moi ; je m'en veux que ce soit un autre homme qui s'occupe d'elles ; je me sens coupable de les avoir entraînées dans une existence aussi compliquée... Alors, avoir un autre enfant ? Je ne sais pas... Quand Anne me dit qu'elle en veut un de moi, j'ai le cœur qui se serre : et si finalement on divorçait nous aussi et que je sois à nouveau obligé de me séparer de mon enfant ? Je n'ai pas envie que tout recommence, je n'en aurais pas le courage : ça me fait trop mal... »

Le désir d'enfant peut être si puissant qu'il rend parfois la compagne sourde aux réticences de son ami à redevenir père. Au-delà du fait que certains hommes sont « passés à autre chose », comme Stéphane, d'autres expriment leurs craintes face à une nouvelle naissance : ils redoutent que leurs enfants actuels se sentent moins aimés s'ils deviennent père d'un autre petit ; ils ont peur de ne pas savoir leur donner assez d'amour. Si leur couple précédent a fait les frais du « baby-clash » (cette crise qui fait parfois exploser un couple après l'arrivée d'un enfant[1]), ils ont peur qu'une naissance signifie la fin de leur nouveau couple. Certains, comme Martial, ont également peur que « tout recommence »... Certains hommes proches de la cinquantaine n'ont pas envie d'être un « vieux » père, se retrouvant à plus de 70 ans alors que leur enfant n'en aura que 20. « Je ne peux pas faire ce coup-là à mon enfant », reconnaît Vincent, 52 ans, face aux demandes insistantes de maternité de sa nouvelle compagne de 39 ans.

Des questions et des doutes peuvent aussi s'élever : « Est-ce que ma compagne m'aime vraiment ou est-ce que sa priorité est d'avoir coûte que coûte un enfant, que ce soit avec moi ou avec

1. Voir Bernard Geberowicz et Colette Barroux-Chabanol, *Le Couple face à l'arrivée de l'enfant. Surmonter le baby-clash*, Albin Michel, 2014.

un autre ? Va-t-elle changer d'attitude vis-à-vis de mes enfants quand elle aura le sien ? Vais-je pouvoir assurer financièrement face à ces nouvelles charges ? »

Une femme peut être pleinement consciente des peurs et des réticences de son compagnon, tout comme elle peut les balayer du revers de la main, en comptant sur le fait qu'elle parviendra à le faire changer d'avis. C'est un pari risqué. Bien sûr, un homme peut se laisser convaincre : sa compagne peut apaiser ses peurs et l'aider à se projeter dans une nouvelle paternité où, finalement, il sera le plus heureux des hommes ; elle peut aussi exercer sur lui une forte pression au quotidien, jusqu'à ce qu'il cède. Mais quand un homme reste ferme sur son non-désir d'enfant, il faut pouvoir l'entendre et prendre sérieusement en compte son refus. La dernière chose à faire serait de lui forcer la main en lui imposant une grossesse non désirée (« J'ai dû oublier ma pilule ! »), au risque d'aller au-devant d'inextricables difficultés...

Même si l'homme a une position très claire sur son refus, il ne peut pas méconnaître la frustration et la souffrance de sa compagne à faire taire en elle son désir d'enfant. Si tel est le cas, l'amertume et le ressentiment seront tôt ou tard au rendez-vous.

Donc le dialogue s'impose, qu'il survienne dès les premiers temps de la relation ou plus tard. Il est essentiel de pouvoir se parler en vérité avant de se retrouver le dos au mur, sous peine de se faire de violents reproches parce qu'on aura éludé les questions épineuses : comment voit-on la famille que l'on souhaite créer ? A-t-on envie d'un enfant ?

Dans quel délai ? Ce désir d'enfant conditionne-t-il la poursuite de la relation ? Pour la femme, est-il concevable de se projeter dans une vie sans enfant, si son compagnon n'en souhaite pas d'autres ? Quelles en seraient les conséquences pour la famille, pour le couple et pour chacun en tant qu'individu ?

Chacun doit écouter l'autre et chercher à le comprendre. Puis chacun doit trouver sa vérité et agir en conséquence.

Les effets de l'arrivée de l'enfant

Selon une étude de la sociologue Lucile Duberman, « le plus haut niveau de cohésion dans les familles recomposées se retrouve dans celles où naît un nouvel enfant », mais comme elle le souligne très justement, « l'étude ne dit pas si c'est l'arrivée du nouvel enfant qui favorise l'intégration familiale ou si c'est la bonne intégration familiale qui crée les conditions favorables à l'accueil d'un nouveau bébé[1] ! ». Sans tomber dans l'erreur de croire que la naissance d'un nouvel enfant est *la* solution pour parvenir à l'harmonie familiale, elle comporte des aspects positifs qui peuvent effectivement y contribuer[2].

---

1. Cité par Cherie Burns, *Stepmotherhood. How to Survive Without Feeling Frustrated, Left Out, or Wicked*, Harmony, 2001.

2. Je reste ici dans l'hypothèse d'une femme sans enfant en couple avec un homme avec enfant(s), mais ces situations peuvent aisément se transposer à l'inverse.

Chez la mère

« Devenir maman a radicalement changé ma manière de me vivre en tant que belle-mère de ma petite belle-fille de 9 ans, explique Véronique, 39 ans. Ma peur de ne pas être légitime s'est évanouie à la naissance de Jonas. Je n'ai plus peur du regard de ma belle-mère quand je m'occupe de sa petite-fille ! D'ailleurs, l'attitude de ma belle-famille a changé : ils se sont regroupés autour de notre petit garçon et me choient comme jamais ! »

« Quand Matthias est né, se souvient Marie, 33 ans, j'ai compris ce qu'être parent voulait dire. Avant, je ne comprenais pas vraiment le comportement stressé de mon mari, ses angoisses de ne pas être à la hauteur dans l'éducation de ses enfants, sa culpabilité dès qu'un de ses fils allait mal... J'ai aussi mieux compris pourquoi il prenait les choses de biais ou avec beaucoup de mauvaise foi quand ses enfants se comportaient mal envers moi. En tant que père, il choisissait ses enfants en priorité. Maintenant, je comprends cette attitude, même si je trouve qu'elle a ses limites. »

Une belle-mère qui devient maman revoit parfois son attitude vis-à-vis de la mère de ses beaux-enfants : elle peut avoir un regard plus indulgent sur la manière dont celle-ci se comporte avec ses enfants ; elle comprend mieux des réactions viscérales qui lui semblaient jusque-là démesurées ou déraisonnables.

Néanmoins, les choses ne sont pas toujours aussi roses : devenir mère conduit certaines femmes à désinvestir plus ou moins leur rôle de belle-mère, surtout si leurs beaux-enfants leur ont mené la vie rude auparavant ! On observe même parfois des attitudes de rejet, la nouvelle maman ne concevant plus sa famille qu'avec son conjoint et leur petit à tous deux : les enfants de son compagnon n'existent plus... La situation aura heureusement tendance à se stabiliser au fil du temps, mais il n'en reste pas moins vrai que si elle doit choisir entre son enfant et ceux de son compagnon, une mère donnera toujours la priorité au sien.

Ainsi, mères et belles-mères doivent être vigilantes : elles doivent faire très attention à ne pas mettre leurs beaux-enfants en rivalité avec leur propre enfant, en lui accordant par exemple des traitements de faveur.

Chez le père

Pour un homme déjà père, la naissance d'un nouvel enfant est un stress, qu'il le reconnaisse ou non. Néanmoins, ce stress peut se révéler positif : certains hommes décrivent par exemple une montée en puissance de leur conscience de père, envers le nouveau-né comme envers ceux qu'ils ont déjà. Ils embrassent plus pleinement leur paternité.

> « Quand notre fils est né, explique Thierry, 42 ans, j'ai aussitôt adoré cet enfant ! Même si mes fils étaient nés de deux mères différentes, j'étais maintenant le père de deux beaux garçons et ça me remplissait de joie et de fierté. Cette naissance a quand même fait remonter pas mal de culpabilité envers mon premier fils. Je ne m'en suis pas rendu compte au début mais c'est ma compagne qui m'a ouvert les yeux : j'essayais d'être le papa parfait pour lui, en faisant beaucoup

plus que ce que je faisais habituellement avec lui. Je lui passais tout, je lui faisais plein de petits cadeaux, je lui disais tout le temps que je l'aimais... »

« L'arrivée d'Hugo m'a appris à être père, alors que j'avais déjà un fils, raconte Philippe, 39 ans. Avec les années, je suis devenu plus mûr et plus sûr de moi et, de fait, j'aborde très différemment mon rôle. Par contraste, je me sens coupable vis-à-vis d'Octave : je vois ce que je fais pour Hugo et que je n'ai pas fait pour l'aîné. Je sais bien qu'on ne peut pas revenir en arrière, mais j'essaie maintenant de compenser ces manquements d'autrefois en étant plus présent auprès d'Octave. »

Chez les autres enfants

L'impact qu'a une nouvelle naissance sur les autres enfants varie beaucoup selon leur âge.

• Les plus jeunes accueillent plutôt favorablement ce petit bébé qui les intrigue. Mais il faut les rassurer fréquemment, par des mots et par des actes, sur le fait qu'ils ne perdent en aucune façon l'amour de leur papa ou de leur maman : le parent peut proposer des activités ludiques avec ses enfants, sans le bébé, pour leur montrer qu'ils comptent toujours énormément pour lui. On constate en effet que les attitudes de rejet ou d'agressivité des jeunes enfants envers le nouveau-né découlent d'un besoin de capter l'attention de leur parent. S'ils sont rassurés sur le fait que l'amour qu'on leur porte est intact, il y a de grandes chances pour qu'ils changent d'attitude.

Le bébé offre à l'enfant la possibilité de se projeter dans l'idée de famille en construction : cela le rassure et apaise son besoin de cohérence et de sécurité. Il lui confère un statut de grand frère ou de grande sœur et certains embrassent avec fougue ce nouveau rôle.

La belle-mère change également de statut : elle est maintenant la maman du nouveau petit frère ou de la nouvelle petite sœur. Ce simple constat tisse un lien entre eux et aide l'enfant à se situer par rapport à cette femme qui, jusque-là, n'était parfois que l'« amie de papa » : dorénavant, ils ont ce petit enfant en commun. Dans certains cas particulièrement heureux, les enfants tombent sous le charme du bébé et cessent du jour au lendemain de se comporter de façon hostile envers leur belle-mère ! De même, quand le père et la mère ont chacun des enfants, les deux fratries peuvent trouver un terrain d'entente et de partage autour de ce nouvel enfant.

• Les enfants plus âgés, préados et ados ont une palette de réactions plus nuancée. Si la relation avec la belle-mère est harmonieuse ou si les difficultés commencent à se pacifier, le nouveau bébé a plus de chances d'être accueilli favorablement. Mais si les conflits sont vifs, cette naissance vient rarement apaiser le climat familial… Une femme raconte que sa belle-fille de 13 ans a fondu en larmes quand elle lui a appris sa grossesse. Cela peut être déroutant ou irritant pour une jeune femme de voir qu'un événement aussi heureux pour elle crée tant de désarroi chez ses beaux-enfants.

Un autre paramètre entre ici en ligne de compte du fait que les enfants voient grandir ce petit frère ou cette petite sœur entre deux parents qui vivent ensemble dans l'amour et la paix. Or ce n'est pas ce qu'ils ont connu eux-mêmes. Cet enfant vient réactiver la souffrance de la séparation d'autrefois : leurs parents n'ont-ils pas divorcé ? N'ont-ils pas été élevés entre deux foyers différents, entre deux parents hostiles l'un vis-à-vis de l'autre ? Ce petit enfant a bien de la chance...

Le père ou la mère a un rôle déterminant pour aider le préado ou l'ado à construire un lien avec ce nouveau-né, sinon aucune réelle relation ne s'établira. C'est d'autant plus important si, ne se voyant que tous les quinze jours, ils ne partagent pas grand-chose. En valorisant le rôle qui peut être tenu par l'enfant dans la vie de ce bébé, les parents créent des conditions favorables à un authentique lien d'affection. Là encore, il est important de ne pas forcer à entrer en relation. Cela se fera en son temps, au rythme de l'enfant. Il n'est pas simple d'accueillir ce petit qui cristallise beaucoup de peurs, de questions, de doutes et d'incertitudes. Il faut comprendre que l'enfant, quel que soit son âge, fasse preuve d'une certaine ambivalence à son égard. Mais on peut faire confiance au bébé pour se faire aimer dès qu'il rira aux éclats en voyant le grand apparaître. Celui-ci aura facilement auprès du petit un prestige immense et il ne résistera pas longtemps à ce fan !

Par ailleurs, il faut tenir compte aussi de l'influence de la mère, ex-épouse : par son attitude, elle peut mettre son enfant dans un tel conflit de loyauté qu'il sera dans l'incapacité de s'investir auprès du bébé (si par exemple elle ne « digère » pas que son ex ait eu un nouvel enfant). Mais elle peut également se réjouir sincèrement pour lui et lui donner le feu vert pour répondre positivement à la demande d'amour du tout-petit.

IV

DU CÔTÉ DE L'EX

Certaines histoires font rêver :

« Quand je suis entrée dans sa vie, Christophe était en conflit avec son ex-épouse, se souvient Carole, 48 ans. Leurs deux enfants en souffraient beaucoup et je ne voyais pas comment la situation pouvait évoluer car ils n'arrivaient jamais à se parler calmement. J'ai pris les devants : un soir que mon mari était absent, j'ai appelé son ex, non sans appréhender sa réaction. Je me suis présentée et j'ai aussitôt mis en avant l'intérêt que je portais à ses enfants. Elle était sur la défensive, au début, mais elle s'est détendue au fil de notre conversation. Elle m'a parlé notamment de ses difficultés avec son aîné et de son incapacité à communiquer sereinement avec Christophe, du souci qu'elle se faisait. Elle était en confiance, moi aussi : je lui ai proposé de faire l'intermédiaire entre elle et lui. À ma grande surprise, elle a accepté. Cela fait maintenant un an et demi et ça a l'air de fonctionner : les conflits sont de plus en plus rares. Il s'est installé un vrai respect entre elle et moi et mon mari me remercie de ce que j'ai fait pour les enfants ! »

« J'ai trois enfants de 9, 14 et 16 ans, commence Stéphane, 44 ans. Quand mon épouse s'est remariée, elle a souhaité que je rencontre son nouveau compagnon, puisqu'il allait devenir le beau-père de nos enfants et qu'il allait vivre avec eux. Coup de chance : nous nous sommes très bien entendus ! Il nous arrive souvent de faire des activités ensemble avec les enfants. D'ailleurs, le week-end prochain, on part au ski et il vient avec nous ! »

Ces exemples qui peuvent paraître utopiques sont néanmoins réels : oui, des relations pacifiées peuvent s'établir entre une belle-mère ou un beau-père et l'ex du partenaire. Si tel est le cas pour vous, ce chapitre ne vous sera pas très utile ; dans le cas contraire, quand les conflits éclatent du fait même de l'existence de cet ex, il peut être source d'inspiration.

Un vécu difficile

Au fil des entretiens réalisés pour ce livre, j'ai constaté que ce sont plus souvent les ex-compagnes qui semblent à l'origine de conflits. Certes, d'ex-compagnons mènent aussi la vie dure à leur ancienne épouse quand celle-ci refait sa vie avec un autre homme, mais ce cas de figure est moins fréquent. « La relation entre belle-mère et ex-compagne est une des plus conflictuelles dans le contexte de la famille recomposée », relève Wednesday Martin[1]. Les enjeux émotionnels comme la jalousie, la compétition, la rivalité semblent plus vifs. C'est pourquoi – sans aucun sexisme ! – je vais centrer mon propos sur le vécu de l'ex-épouse et son impact sur la famille recomposée. L'ex-compagnon peut évidemment éprouver les mêmes ressentis !

1. *Stepmonster, op. cit.*

« Mon cœur se serre quand mon mari vient chercher les enfants le vendredi soir, explique Lina, 37 ans. Jamais je n'avais imaginé qu'un jour nous en arriverions là... Je lui en veux d'avoir créé une situation qui nous fait tant souffrir, les enfants et moi. Je trouve cela injuste. Il est en train de refaire sa vie avec une autre et il est heureux, alors que moi, je dois lui abandonner mes enfants et me retrouver seule le week-end... »

Quand une femme rencontre un homme divorcé avec enfant(s), elle ne s'imagine pas combien le vécu de l'ex de cet homme prendra de place dans sa propre existence. Ce sera d'autant plus vrai si cette femme n'a pas refait sa vie, si elle souffre de difficultés psychiques ou si elle est financièrement dépendante de son ex-mari. Attardons-nous sur le vécu de cette ex-épouse et voyons quelles sont, pour elle, les conséquences de la rupture de son couple.

Solitude, atteinte de l'estime de soi et jalousie

La solitude affective est incontournable après un divorce, en particulier pour la personne qui est quittée. Même si l'ex ne désire pas immédiatement s'investir dans une nouvelle relation, au fil du temps le sentiment de solitude croît et le besoin d'aimer et d'être aimée se fait de plus en plus sentir. La jalousie, le ressentiment et parfois une baisse d'estime de soi peuvent apparaître souvent lorsqu'une femme apprend que le compagnon dont elle a divorcé refait sa vie.

> « Quand Pierre, mon ex-mari, s'est remarié, j'ai eu honte de moi, reconnaît Pascaline, 36 ans. Je n'osais pas en parler à mon entourage. C'était comme si son remariage prouvait que j'étais incapable de construire une relation durable. J'avais honte et j'étais en colère contre moi de ressentir cela ! Je suis devenue très agressive avec Pierre, je ne pouvais pas m'empêcher de critiquer sa nouvelle épouse, alors que je ne l'avais jamais rencontrée... J'avais conscience que cela mettait mes enfants dans une position impossible vis-à-vis d'elle, mais c'était plus fort que moi : elle incarnait le malheur qui s'était abattu sur nous. Il y avait autre chose que j'ai compris beaucoup plus tard : j'avais peur que mes enfants apprécient cette femme, j'avais peur de perdre leur amour et j'ai tout fait pour la rendre détestable à leurs yeux. Je savais que ce n'était pas bon pour eux, mais là aussi c'était plus fort que moi... »

Comme Pascaline, de nombreuses mères sont ambivalentes. Elles peuvent craindre que leurs enfants n'en viennent à aimer la nouvelle femme qui va intervenir dans leur vie, que celle-ci les influence trop, ou que leur père se détourne d'eux, a fortiori s'il s'occupe de ses beaux-enfants : ne va-t-il pas leur donner ce qui revient de droit aux siens ? Mais tout dépend de la vie que l'ex est parvenue à reconstruire après la séparation. Si elle a retrouvé son équilibre, ses repères, et que les griefs et les souffrances commencent à s'atténuer, elle abordera plus sereinement l'idée que son ex-conjoint refasse sa vie – plus encore si elle-même s'engage à son tour dans une nouvelle relation.

« Heureusement que j'avais retrouvé un équilibre ! s'exclame Laure, 37 ans, en évoquant le remariage de son ex. Quatre ans après notre divorce, j'avais enfin trouvé ma vitesse de croisière avec les enfants et mes relations avec Martin s'étaient pacifiées. J'avais aussi rencontré quelqu'un qui m'aidait à passer à une autre étape de ma vie. Je pense que c'est ce contexte favorable qui m'a permis d'accepter que Martin épouse Virginie. Je ne vous dis pas que cela ne m'a pas fait un choc, mais ça allait. J'avais suffisamment de stabilité et d'amour dans ma vie pour ne pas me sentir dévastée par sa nouvelle vie. Je me sentais aussi plus solide en tant que maman et je ne voyais pas Virginie comme une menace. Certes, ce n'est pas toujours facile d'entendre mes enfants me raconter tout excités ce qu'ils font de génial avec leur père et elle. J'ai un petit coup de jalousie à chaque fois, mais ça va. Je ne me sens plus dévalorisée. »

En revanche, si l'ex ressent toujours l'impact douloureux de la séparation, elle supportera mal la formation du nouveau couple. Si, par exemple, elle souffre de solitude ou que de profonds différends continuent à l'opposer à son ancien mari, elle n'aura pas la sérénité d'esprit pour accepter sa nouvelle vie, ni pour concevoir paisiblement que ses enfants y prennent part.

La baisse du niveau de vie

Les enjeux financiers tiennent une place importante dans les relations avec l'ex. Quand l'ex-épouse constate une altération de son pouvoir d'achat, du fait du divorce, la prestation compensatoire de son mari, si elle en a une, ne suffit pas nécessairement à maintenir son niveau de vie. Il lui faut se mettre à la recherche d'un emploi si elle n'en avait pas, ce qui occasionne de nombreux changements dans les rythmes de vie et dans le temps alloué aux enfants. Elle en éprouve souvent une sensation de déclassement et de la rancœur qui se transforment vite en sentiment d'injustice et en colère. Cela peut miner les relations avec son ex, surtout s'il continue de son côté à jouir d'un relatif confort matériel.

« Je vis mal ce changement de niveau de vie, reconnaît Annabelle, 40 ans. Que je sois obligée de faire attention pour moi, ça va... mais que mon fils subisse matériellement les conséquences de notre séparation, ça ne passe pas. Un jour, rentrant de chez son père, il s'est plaint que les fils de sa belle-mère avaient des nouvelles Nike. Il avait lui aussi évidemment envie de nouvelles chaussures, mais mon budget ne me permettait pas de les lui offrir. J'avais honte de le lui dire. Mais il est bien, mon petit gars, il a dit que ce n'était pas si important... J'en ai voulu à son père dont j'avais l'impression qu'il laissait les enfants de son amie narguer mon fils. C'est vrai que je suis en colère pour mon garçon et jalouse de cette vie facile qui est la leur aujourd'hui, alors que moi je rame pour joindre les deux bouts. »

Les enjeux financiers sont particulièrement importants au sein de la famille recomposée, c'est pourquoi nous y reviendrons au chapitre « Vivre ensemble ».

La perception de la nouvelle compagne

Les circonstances de la séparation jouent. Il est essentiel de comprendre le rôle qui est donné à cette femme dans la dynamique de la rupture.

Si la nouvelle compagne est perçue comme ayant participé à la dissolution du couple

Il est compréhensible que l'ex-épouse soit emplie de colère à son égard. Sa rancœur, inévitablement, fait obstacle à une relation apaisée de ses enfants avec leur belle-mère. Dans ce contexte, la nouvelle compagne du père a toutes les chances d'être diabolisée : n'est-elle pas celle par qui le malheur est arrivé ? N'est-elle pas à l'origine du tourment des enfants, désormais partagés entre deux foyers ? N'est-il pas normal de lui en vouloir ? Les griefs de l'ex sont parfois tels qu'il lui est impossible d'adopter une attitude neutre vis-à-vis de cette femme.

> « C'est elle qui a aguiché mon mari au bureau, tempête Marie, 41 ans. C'était un homme droit et intègre, un bon père de famille et un compagnon loyal... jusqu'à ce qu'elle lui mette le grappin dessus ! Elle l'a complètement transformé, au point que je ne reconnais plus l'homme que j'ai aimé autrefois. Je ressens de la haine en moi. Elle a tout détruit et cela me met hors de moi de penser qu'elle côtoie mes enfants ! »

Si la nouvelle compagne est perçue avec hostilité alors qu'elle est apparue dans la vie de l'ex-époux bien après le divorce

Même si la nouvelle compagne ne peut pas être tenue pour responsable de la rupture, elle peut être l'objet de vives critiques et faire les frais de conflits qui ne la concernent pas. Car inconsciemment, l'ex déplace sur elle le ressentiment qu'elle éprouve à l'égard de son ancien conjoint, souvent pour préserver la relation avec lui. Comme si mieux valait un lien conflictuel que plus de lien du tout...

Si la nouvelle compagne n'est l'objet d'aucune perception négative

Quand la nouvelle compagne est perçue de façon relativement neutre par l'ex-épouse, les enfants sont beaucoup moins impliqués dans un conflit de loyauté entre leur belle-mère et leur mère. Avec un peu de chance, celle-ci peut même tenir un discours aimable ou respectueux envers la belle-mère de ses enfants.

> « Neuf ans après, il y a prescription, explique avec détachement Évelyne, 46 ans. En fait, je n'ai jamais rien ressenti de négatif à l'égard de Claire. Mon ex-mari l'a rencontrée trois ans après notre divorce. De l'eau était passée sous les ponts et j'étais même contente pour lui. J'ai rapidement constaté que Claire, qui a deux enfants de son côté, avait une influence positive sur les miens et je sentais qu'elle respectait mon statut de mère. Nous ne sommes pas devenues les meilleures amies du monde, mais il nous arrive

de nous retrouver en vacances dans la maison de famille de mon ex-mari. Je viens avec mon nouveau compagnon. C'est vrai que c'est un peu étrange de se retrouver tous à table : mon ex-mari et Claire, Rob et moi, les enfants de Claire et les miens ! Mais ça fonctionne très bien et je ne me pose pas de question. »

L'influence de nouveaux événements

Une naissance dans la famille recomposée

Dans ce cas, certaines mères réagissent très mal sur un plan personnel, d'autres s'inquiètent pour leurs enfants.

« J'ai été très surprise par ma réaction quand mon ex-époux m'a annoncé qu'il allait avoir un enfant, se souvient Patricia, 41 ans. J'étais effondrée ! J'ai pleuré toute la journée. C'est comme si l'arrivée de cet enfant mettait un terme définitif à notre histoire, alors que nous étions déjà séparés depuis deux ans. Mais peut-être qu'il y avait encore en moi l'espoir qu'on se retrouve un jour... En tout cas, là, les choses étaient claires : il était définitivement passé à autre chose. Il avait une autre vie et il était vain pour moi de fantasmer sur un possible retour. »

« Quand Étienne a eu un enfant avec sa nouvelle compagne, se souvient Cyriane, 39 ans, j'ai eu peur pour notre fille : je craignais que son père lui donne moins d'amour et qu'elle se sente abandonnée. »

L'ex rencontre un nouveau compagnon

La nouvelle relation de l'ex, a fortiori son remariage, est souvent perçue de manière positive par son ancien conjoint et sa nouvelle compagne, ce qui n'empêche pas l'ambivalence.

« Quand Danielle m'a annoncé qu'elle fréquentait un homme depuis dix mois et qu'elle avait le projet de l'épouser, j'ai éprouvé un curieux mélange de soulagement et de jalousie, reconnaît Cédric, 38 ans. Soulagement parce que, la connaissant, elle allait s'investir à fond dans sa relation et que, de ce fait, elle serait moins fixée sur ma propre famille – elle est un peu... comment dire... intrusive ! Soulagement aussi parce que je la sens plus calme et beaucoup moins déprimée : cela fait une différence énorme pour les garçons. Mais jalousie également parce qu'elle m'a montré une photo de son ami, et que c'est un homme plus jeune et plus... euh... attrayant que moi, on va dire. Ça m'a fait quelque chose. »

Quand l'ex s'engage dans une nouvelle histoire d'amour, les relations d'ex à ex ont tendance à s'apaiser, chacun se concentrant sur sa vie. L'ex-épouse prend souvent de la distance par rapport à la nouvelle compagne de son ancien conjoint, ce qui contribue à atténuer critiques et revendications.

« Je remarque que Théo est plus serein depuis le remariage de son ex, constate Lucie, 43 ans. Il m'a raconté qu'elle avait été très affectée par leur séparation et qu'elle avait été en dépression pendant deux ans. Quand je l'ai rencontré, il se sentait toujours très coupable de lui avoir infligé cette peine et cela devenait pesant, au fil du temps, car elle jouait un peu sur sa culpabilité pour obtenir tout ce qu'elle voulait de lui : un changement de jour de garde sans prévenir, par exemple, ou des rallonges financières pour les enfants. Il disait amen à tout. Depuis qu'elle a refait sa vie, je le sens soulagé du poids de cette culpabilité et je trouve que cela a rendu leur relation plus normale. »

De surcroît, l'allégement du poids financier n'est pas négligeable, comme le souligne Raphaël, 39 ans :

« Quand elle m'a dit qu'elle allait se marier avec Victor, j'ai poussé un soupir de soulagement. Victor gagne très bien sa vie – bien mieux que moi ! – et je savais que Louise allait relâcher sa pression financière à mon égard. C'est d'ailleurs ce qui s'est passé. Et le fait qu'il n'y ait plus d'enjeu financier entre nous a assaini notre relation. »

Vis-à-vis du nouveau compagnon de son ex, l'ex-mari se retrouve parfois confronté aux mêmes questions et aux mêmes enjeux que son ex-épouse en son temps : le nouvel ami de son ex devient le beau-père de ses enfants – tout comme sa compagne est devenue leur belle-mère. Cette configuration peut alors l'aider à mieux comprendre certaines réactions de son ex.

« Je me suis soudain retrouvé dans la peau de mon ancienne épouse, s'étonne Noah, 42 ans. Je sentais combien on peut être jaloux de la place que prend un étranger dans la vie de ses enfants, combien on peut être inquiet de perdre leur amour, combien on peut en se comparant à lui se trouver "moins bien". J'ai mieux compris ce que mon ex avait essayé de m'expliquer à l'époque. Cette situation m'a donné envie d'être plus présent auprès de mes enfants, de leur montrer plus explicitement mon amour : je voyais bien qu'ils étaient un peu déstabilisés par ce nouveau changement de vie et qu'ils avaient besoin de moi pour les aider à s'y adapter. En même temps, j'étais étonné de me sentir vulnérable : j'avais moi aussi besoin de temps pour m'adapter, mais ça me rassurait de renforcer ma position de père auprès d'eux. »

L'impact de ces changements sur les enfants

Pour les enfants, c'est encore une autre histoire. La nouvelle relation de leur mère implique de s'adapter à une nouvelle configuration : après la belle-mère, voici le beau-père... Eux ne l'accueillent pas avec le même enthousiasme que leur mère. Ils s'interrogent comme ils se sont interrogés lorsque leur père leur a présenté sa compagne : « Quels nouveaux changements vont survenir à la maison ? Va-t-on déménager chez lui ? A-t-il des enfants ? Est-ce que maman va se détourner de nous, maintenant qu'elle est folle amoureuse de cet homme ? Est-ce que cela va changer la garde alternée avec papa ? Comment papa va réagir ?... »

La perte de repères peut provoquer chez eux des comportements régressifs ou agressifs, qui ne s'étaient pas manifestés ou qui réapparaissent. Comme lorsque leur père a refait sa vie, il est essentiel d'anticiper et de discuter avec eux des changements à venir pour les y préparer progressivement.

Les relations

Entre l'ex de votre compagnon et vous, nouvelle belle-mère

Si votre compagnon a eu des enfants d'une précédente union, la mère de ses enfants, que cela vous plaise ou non, tient une place importante dans son existence. Elle l'a aimé avant vous, il l'a aimée avant vous, même s'il parle d'elle avec détachement aujourd'hui ; qu'elle soit la mère de ses enfants – ce lien indestructible – lui donne un droit de regard sur ce qu'il fait en tant que père – et sur ce que vous faites en tant que belle-mère.

De possibles interférences

Si un lien parental persiste entre les deux ex-partenaires, il est clair que le lien conjugal n'existe plus. Les limites des territoires respectifs sont définies, même si quelques ajustements sont encore parfois nécessaires, mais la séparation a eu lieu et chacun tente de son mieux de conserver de bonnes relations – ou au moins des relations cordiales – pour le bien des enfants. Pourtant, des interférences sont susceptibles de perturber le bon fonctionnement du quotidien.

L'ex-épouse peut rester longtemps meurtrie, surtout si elle a été quittée, on l'a vu, d'où des réactions négatives ou hostiles qui attestent que la blessure est toujours vive. C'est ainsi que le scénario idéal de respect mutuel peut malheureusement tourner au vinaigre. La mère des enfants peut exercer une emprise importante sur l'harmonie de votre foyer de différentes façons.

• Par le contrôle qu'elle exerce sur l'accès des enfants à leur père, modifiant les horaires et les jours de visite, sans préavis suffisant, et compromettant certains projets (un week-end sans les enfants planifié depuis longtemps et que vous êtes contrainte d'annuler au dernier moment).

• En se montrant très intrusive, soit parce qu'elle demande aux enfants d'espionner ce qui se passe chez leur père, ou de tout lui raconter quand ils reviennent chez elle, soit en téléphonant sans cesse quand les enfants sont chez vous.

• Pour marquer sa présence, en multipliant les exigences, notamment financières, au-delà de ce qui a été fixé par le jugement de divorce, au point parfois de menacer l'équilibre du budget de votre nouvelle famille.

• En tenant aux enfants un discours extrêmement négatif sur leur père et vous, leur belle-mère, en leur demandant implicitement d'adhérer à sa cause de façon inconditionnelle.

• En instrumentalisant les enfants pour obtenir ce qu'elle souhaite de leur père, ou en jouant sur sa culpabilité à leur égard, de manière à avoir une influence émotionnelle sur son ex-mari. Ce dernier point révèle une capacité de nuisance colossale de cette femme sur votre conjoint.

Comment faire face à de telles intrusions ? À la transgression des limites ? C'est très difficile, disons-le clairement, car ces comportements étant parfois délibérément malveillants, ils sont inaccessibles à tout dialogue ou à tout appel à la raison. On peut certes percevoir, en filigrane, l'expression de la souffrance d'une femme qui a vu sa vie détruite par la séparation, mais la douleur n'excuse pas tout, et il existe d'autres façons de transformer sa peine.

Présenter un front uni

Mieux vaut le savoir, tous les assauts d'une ex-épouse ne peuvent pas être contrés. Or ils ont le pouvoir de mettre en danger votre relation de couple. Il faut donc impérativement que vous présentiez *un front uni* face à ces attaques, pour l'intérêt du couple, mais aussi celui des enfants, trop souvent pris entre les deux feux parentaux. La même attitude est recommandée quand ce sont eux qui cherchent à transgresser les limites et à diviser le nouveau couple.

Il s'agit de ne montrer aucune faille dans laquelle la mère des enfants pourrait s'engouffrer.

> Une mère téléphone à son ex pour lui demander d'inverser une semaine de garde. Elle devait avoir sa fille la première semaine de juillet, mais elle est obligée de changer ses plans, dit-elle. Pris de court en pleine réunion professionnelle, le père accepte sans réfléchir. Quand il en parle avec sa compagne le soir, celle-ci lui rappelle, un peu mécontente, qu'elle a déjà acheté les billets d'avion pour le week-end en amoureux qu'ils avaient prévu cette même semaine. Avec le stress professionnel, le père s'est mélangé dans les dates. Le lendemain matin, il rappelle son ex. C'est le drame. « J'ai déjà pris mes dispositions. Débrouille-toi avec

ta femme ! Vous n'aviez qu'à vous entendre avant ! » Elle refuse catégoriquement de céder.

Quoi qu'on pense, il convient aussi de tenir aux enfants un discours commun le plus respectueux possible envers leur mère, l'important étant de les désengager de tout conflit d'adultes. Il peut être utile de souligner que leur mère est certainement en colère ou « pas très bien », ce qui l'amène à dire des choses négatives « qu'elle ne pense peut-être pas »... De même, il faut leur tenir un discours cohérent sur les limites à respecter – par exemple qu'ils ne sont pas obligés de raconter à leur mère ce que fait leur belle-mère quand ils lui rendent visite.

Enfin, présenter un front uni peut amener à faire appel à la justice pour faire cesser, par voie d'avocat, un harcèlement moral trop prononcé ou demander une révision du droit de visite auprès du juge.

L'ambivalence du père : un obstacle non négligeable

Pour présenter un front uni, le père a parfois besoin de faire très sérieusement le point sur sa relation avec son ex. Dans une certaine mesure, celle-ci n'a que le pouvoir qu'il lui accorde. Or son attitude vis-à-vis de la mère de ses enfants n'est pas toujours très claire, il arrive qu'il lui donne la possibilité de dépasser les limites, sans réagir de façon appropriée.

« Quand les fils de mon mari sont revenus de chez leur mère après les vacances de printemps, raconte Laure,

39 ans, tout leur linge sale était roulé en boule dans leur valise. C'était une infection ! Leur mère n'avait fait aucune lessive pendant quinze jours. Quand j'ai demandé à Paul de l'appeler pour s'expliquer avec elle, il n'a pas relevé ! Ce n'est pas la première fois que quelque chose de similaire se produit : elle a des comportements qui dépassent les bornes et lui, il se défile ! Ça m'énerve. »

De telles attitudes vous mettent certainement hors de vous car vous ne comprenez pas pourquoi votre compagnon joue le jeu de son ex, se laisse manipuler. Vous ne comprenez pas pourquoi il ne fixe pas un cadre plus strict à ses débordements, semble systématiquement céder à tout ce qu'elle demande alors que ses exigences sont parfois déraisonnables. Et quand vous essayez d'aborder le sujet avec lui, il est aussitôt sur la défensive. Le compagnon est souvent conscient de son attitude de fuite et se sent coupable de se montrer aussi lâche ou manipulable. Son amour-propre est blessé. Il se sent coincé dans une situation complexe où il tente de faire face sur plusieurs fronts en même temps, dans le souci de ménager tout le monde, sans y parvenir.

Pourquoi agit-il ainsi ? Nous en avons déjà parlé : une des plus grandes peurs d'un père séparé est de perdre le lien avec ses enfants. Cette peur, même si elle est fantasmée et sans réel fondement, conduit certains hommes à éviter toute confrontation avec la mère de leurs enfants – au détriment parfois de leur relation de couple.

« Mon ex sait quel amour je porte à mes filles, explique Régis, 42 ans. Elle s'est battue comme une lionne pour qu'il n'y ait pas de garde alternée et que je ne puisse les voir qu'un week-end sur deux. En plus elle abuse de cette situation. Je sais qu'elle ne cesse de dire à mes filles que je les aime moins depuis que j'ai épousé Myriam – je le sais parce que les petites me l'ont dit, en me demandant si c'était vrai ! Je sens un travail de sape et cela me terrifie. Je ne veux pas que leur mère réussisse à les éloigner de moi... Alors je fais ce qu'elle me demande, même si je dois me mettre Myriam à dos – elle me trouve trop faible et incapable de m'opposer à mon ex... Je sens aussi que mon ancienne femme veut montrer à la nouvelle qu'elle a toujours un ascendant sur moi, rien que pour la faire enrager... »

Si votre compagnon se trouve face à une telle situation, il a davantage besoin de votre soutien que de vos reproches. Essayez de trouver ensemble un compromis : consciente de ce à quoi il est confronté, acceptez un certain degré de manipulation, puisqu'il est impossible de faire autrement, tout en restant ferme sur les limites à ne pas dépasser.

Il s'agit là de relations entre êtres humains et, par définition, elles évoluent. Nous avons vu, par exemple, que si une ex-épouse refait sa vie, elle a tendance à relâcher la pression sur son ancien conjoint – notamment si, devenue belle-mère, elle constate qu'elle est à son tour en butte aux hostilités de la mère de ses beaux-enfants.

Malheureusement, certaines situations sont bloquées et seul le temps pourra résoudre les problèmes

– quand les enfants auront grandi et qu'ils deviendront capables de se désengager de l'emprise maternelle, par exemple. Néanmoins, que de temps perdu et de souffrances inutiles !

Entre votre compagnon et son ex

« Dès qu'elle a un problème chez elle, une fuite ou un appareil ménager qui ne fonctionne plus, elle appelle mon mari au secours, raconte Sylvie, 39 ans, avec une certaine irritation dans la voix. Ils sont séparés depuis deux ans et c'est toujours à lui qu'elle fait appel, comme s'ils étaient toujours ensemble ! Ce qui m'énerve, c'est que Thierry accourt dès qu'elle le sollicite. Quand je lui en fais le reproche, il s'énerve et me dit qu'il fait ça aussi pour le confort de sa fille : ça, c'est son grand argument pour justifier son attitude. Je soupçonne son ex de vouloir garder un lien de proximité avec lui, mais ce qui me gêne, c'est qu'il ne fait rien pour s'y opposer... comme s'il existait toujours quelque chose entre eux... Je ne le trouve pas très clair et ça m'insécurise un peu... »

Même quand un divorce a été prononcé, les liens affectifs ne sont pas pour autant rompus entre les ex-conjoints. Le détachement émotionnel prend du temps. De fait, l'un et l'autre partagent une histoire et des souvenirs communs et, à travers les enfants, un lien indéfectible. Néanmoins, beaucoup de nouveaux ou nouvelles partenaires se disent troublés par la persistance de ces liens.

Une relation plus ou moins ambivalente

Les choses sont parfois claires et sainement énoncées : « Nous avons décidé de ne plus être en couple, mais nous nous apprécions l'un l'autre. Il n'y a aucune raison d'interrompre une relation qui nous fait du bien et où existe une certaine affection, même si chacun d'entre nous est engagé dans une autre relation amoureuse. » Il n'est pas rare que, dans ce cas, les deux couples nouvellement formés créent des liens d'amitié, sans ambiguïté sur la place et les sentiments de chacun. Parfois, au contraire, les contours de la relation entre ex-conjoints restent flous. L'homme peut se montrer très ambivalent dans les raisons qui le poussent à préserver le lien. Au-delà de la peur de la manipulation, beaucoup éprouvent une sourde culpabilité : culpabilité d'avoir causé du tourment à une femme qu'ils ont autrefois profondément aimée ; culpabilité envers les enfants quand le tourment de leur mère a une incidence négative sur eux ; culpabilité d'avoir été un peu durs lors du divorce, et désir de faire amende honorable ; culpabilité de voir leur ex seule depuis déjà longtemps, alors qu'eux-mêmes vivent à nouveau une belle histoire...

Cette culpabilité suscite un désir de réparation qui s'exprime par des actes visant à annuler ou compenser les offenses infligées. Ainsi préserve-t-on le lien avec la personne envers laquelle on estime avoir une dette.

« Je suis lié à tout jamais à Élisa, reconnaît Benjamin, 39 ans. C'est moi qui ai voulu ce divorce, alors qu'elle ne le souhaitait pas. C'est moi qui ai fait vendre la maison où elle espérait vivre heureuse en famille avec nos enfants. Je ne peux pas effacer ça. Je suis quelqu'un de responsable et je sais que j'ai ma part dans ses difficultés actuelles. Je me sens peut-être un peu coupable mais il n'y a pas que ça : j'ai conscience de mes responsabilités, c'est tout. Donc, même si j'ai refait ma vie, je serai toujours présent quand Élisa aura besoin de moi. Je fais ça pour elle et pour nos enfants. J'ai été très clair sur ce point avec ma femme dès le début et heureusement elle a accepté la situation. »

De son côté, une ex peut se sentir en droit de demander conseil à son ancien compagnon ou de solliciter son aide quand il s'agit de sujets touchant directement ou indirectement aux enfants. Mais il est intéressant de noter qu'on peut lire autrement ces requêtes apparemment anodines, qui en fait révèlent une certaine ambivalence.

« Plusieurs années après son remariage, je demandais toujours des choses à Jacques, mon ancien mari, explique Isabelle, 56 ans. Des broutilles : débloquer l'ordinateur de notre fils, m'aider à installer une tringle à rideaux, à remplir ma déclaration d'impôts... Cela me semblait normal, jusqu'à ce que sa femme commence à tiquer. Elle estimait que j'abusais un peu trop de son mari ! En psychothérapie à l'époque, j'ai compris que mes multiples sollicitations maintenaient un lien affectif que je n'arrivais pas à lâcher. En fait, je n'arrivais pas à faire le deuil de notre relation et j'essayais de la prolonger par tous les moyens. Quand j'ai compris cela, j'ai volontairement cessé de le solliciter à tout bout de champ car j'étais enfermée dans cette dynamique et j'avais besoin de m'ouvrir à une autre vie... »

De même, certaines situations conflictuelles, comme des procédures de divorce qui n'en finissent pas, peuvent être des moyens inconscients de préserver le lien, même si c'est paradoxalement au prix de nombreuses souffrances.

Entre la mère de vos beaux-enfants et vous

« Je me demande si je dois entrer en contact avec la mère de ma belle-fille, s'interroge Jade, 35 ans. Anna a 4 ans et j'imagine que ce ne doit pas être facile pour sa maman quand Jim prend sa fille pour les vacances. Je n'ai pas d'enfant, mais je me mets à sa place. Même si j'ai confiance dans ma capacité à prendre soin d'un enfant, j'aimerais parfois lui poser des questions sur les besoins spécifiques de sa fille. Jim ne souhaite pas que j'entre en relation avec elle car, la connaissant bien, il craint qu'elle n'abuse de la situation. Personnellement, je n'ai aucune envie de la rencontrer, mais je crois que ça pourrait être bénéfique pour Anna si nous étions en contact, sa mère et moi... Mon compagnon me dit que je suis un peu trop naïve... Je ne sais pas... »

Très souvent, ni la belle-mère ni la mère des enfants ne souhaitent entrer en relation l'une avec l'autre. Elles n'en voient ni l'intérêt ni la nécessité et l'existence de l'une et de l'autre ne se manifeste qu'à travers les récits des enfants. Même lorsque, par exemple, l'une doit venir chercher les enfants, elle s'arrange souvent pour ne pas avoir à croiser l'autre.

> « La mère de mes beaux-enfants ne veut pas me voir, raconte Delphine, 35 ans. Le problème, c'est que mon mari sort du bureau très tard le vendredi soir et les enfants sont trop petits pour venir seuls à la maison. C'est donc moi qui vais les chercher. Ils savent que je me gare devant le portail de leur mère à 19 h 30. Ils sont toujours prêts à l'heure et sortent avec leurs affaires dès qu'ils me voient arriver. Je sais que leur mère me regarde à travers les voilages de sa chambre – je peux voir sa silhouette ! –, mais elle ne se montre jamais sur le pas de la porte. Je respecte ça : c'est son choix. Je ferais peut-être pareil dans sa situation. Les enfants ont l'air de bien vivre ça. Ils montent dans la voiture et on rentre à la maison sans faire aucun commentaire. »

Quand l'intérêt de l'enfant l'exige et que les parents parviennent à aller au-delà de leurs différends, des échanges pacifiés deviennent possibles. Par exemple, si l'enfant est asthmatique et que la belle-mère doit prendre soin de lui pendant une période assez longue, la mère peut souhaiter livrer des informations utiles pour le bien-être de son enfant. De tels échanges sont possibles sous réserve, de part et d'autre, de beaucoup de recul et d'intelligence. Si se rencontrer est difficile, on peut tout de même échanger par mail ou par téléphone.

L'objectif n'est pas que belle-mère et mère deviennent amies, mais d'échanger autour des besoins des enfants, de leur scolarité ou de comportements qui inquiéteraient la belle-mère et qu'elle souhaiterait partager avec la maman. Ces échanges ou ces rencontres peuvent désamorcer des représentations négatives : la mère s'aperçoit que la belle-mère n'est pas une mégère et la belle-mère réalise que la mère n'est pas la folle hystérique que son mari lui a décrite ! Il redevient possible d'interagir entre adultes sensés, sans trop attendre non plus de ce qui reste une alliance de raison. Il est d'ailleurs recommandé de ne pas trop s'étendre sur sa propre vie de famille (les vacances, les sorties, les finances...) et de veiller à dissocier les deux univers : inutile de susciter maladroitement l'envie ou la jalousie.

Certaines rencontres sont inévitables, à l'occasion du mariage d'un des enfants par exemple. Un fils souhaite que ses deux parents soient présents et la question se pose de la place – voire de la présence – du beau-parent (on en a vu plusieurs témoignages dans les chapitres précédents). C'est souvent dans ces circonstances particulières que réémergent des tensions et des rivalités que l'on pensait dépassées depuis longtemps... Mais c'est aussi à ces occasions que la hache de guerre peut enfin être enterrée, comme le raconte Béatrice, 48 ans :

> « J'ai quasiment élevé ma belle-fille. Alice avait 5 ans quand j'ai épousé son père et, à cause de problèmes de santé de sa mère, elle vivait très souvent avec nous. Elle a aujourd'hui 25 ans et elle s'est mariée en mai dernier. Sa mère me déteste depuis le premier jour, elle a d'abord dit à sa fille qu'elle n'irait pas à son mariage si j'étais là. Alice était dans tous ses états :

elle voulait que ses deux parents soient réunis autour d'elle ce jour-là, mais elle tenait absolument à ce que je sois présente. Après mille tractations, mon mari a mis son ex au pied du mur : soit il assistait avec moi au mariage de sa fille, soit il n'y allait pas, un point c'est tout ; son ex porterait toute la responsabilité de ce gâchis. Elle a finalement cédé et nous nous sommes rencontrées, devant le parvis de l'église, pour la première fois en vingt ans ! Elle m'a serré la main. Je voyais que la situation était difficile pour elle mais qu'elle prenait sur elle pour le bien de sa fille. Nous n'avons rien échangé de toute la journée. Pourtant, en fin de soirée, juste au moment de partir, elle s'est approchée de moi et, à ma grande surprise, elle m'a serrée dans les bras en silence – une longue étreinte... Elle avait les yeux embués. Elle m'a adressé un timide sourire et elle est repartie, très digne, sans dire un mot. Son geste m'a profondément touchée. »

Faire preuve de bonne volonté

Toute attitude d'ouverture va dans le bon sens. Cela peut passer par des choses anodines, comme prendre des nouvelles de leur mère auprès des enfants – on peut penser qu'ils lui en parleront –, lui adresser un mail pour l'impliquer dans l'organisation du planning des vacances, la rassurer indirectement sur le fait qu'on ne cherche pas à prendre sa place...

La mère peut se montrer hermétique à toute démarche de la nouvelle compagne de son ex. Si elle fait systématiquement échouer les tentatives de contact ou de conciliation de la belle-mère, il est préférable de s'en tenir là et de renoncer à toute relation directe.

Mais il est important de souligner que cette attitude de défiance n'est pas l'apanage des mères ! Certaines belles-mères se montrent hautaines, critiques par principe, et rendent impossible toute évolution de la relation avec l'ex de leur conjoint. Elles ne créent manifestement pas les conditions pour que réussisse la famille recomposée, et on peut alors s'interroger : le souhaitent-elles vraiment ?

Quand c'est le père des enfants qui est l'ex

Tout ce qui vient d'être dit s'applique à l'ex-conjoint, quand celui-ci est le père des enfants. En tant que beau-père, vous connaissez les mêmes problématiques de compétition ou de jalousie, les mêmes questionnements sur la persistance du lien entre votre nouvelle compagne et son ex-mari. Vous vous interrogez aussi sur la nature du lien que vous pouvez établir avec lui (où, quand, comment, pourquoi entrer en relation avec lui ?), sur l'influence qu'il exerce sur vos beaux-enfants (quel discours leur tient-il à votre sujet ?). Vous pouvez être amené à monter au créneau si cet homme manipule émotionnellement votre compagne ou ne tient pas ses engagements (en ne payant pas la pension alimentaire de ses enfants, par exemple). Certains beaux-pères font ainsi part d'un malaise.

« Je prends tout en charge à la maison, explique Jonathan, 39 ans. Je me défonce pour offrir une vie confortable à mon épouse et à ses enfants. C'est moi qui éponge les colères de ma belle-fille et qui m'implique dans la scolarité de mon beau-fils. Et pourtant, aucun remerciement ! Quand les enfants rentrent de chez leur père, ils ne tarissent pas d'éloges sur lui : il est formidable, ils s'amusent tellement avec lui, la vie est si excitante avec lui... Pour moi, aucun compliment de cette sorte et ça me met en boule : c'est facile pour lui d'être le père copain quand il ne s'occupe de ses enfants qu'une fois tous les quinze jours... »

Quand le beau-père se sent lésé matériellement ou émotionnellement, il est indispensable qu'il puisse se tourner vers sa compagne pour exprimer ce qu'il ressent et faire le point avec elle sur les ajustements à opérer. Il ne faut pas laisser s'accumuler le ressentiment, tant envers le père qu'envers les beaux-enfants, car cela fragiliserait insidieusement la relation de couple.

V

L'AUTORITÉ DANS LA FAMILLE RECOMPOSÉE

Selon le *Larousse*, l'autorité, c'est le « pouvoir de décider ou de commander, d'imposer ses volontés à autrui » ; c'est aussi l'« ensemble de qualités par lesquelles quelqu'un impose à autrui sa personnalité », l'« ascendant grâce auquel quelqu'un se fait respecter, obéir, écouter », « ce par quoi le pouvoir s'impose, ce qui produit la soumission sans recours à la contrainte physique ». Quant à la discipline, c'est l'« ensemble de lois, d'obligations qui régissent une collectivité et qui sont destinées à y faire régner l'ordre » ; la discipline se définit comme « obéissance, soumission aux règles que s'est données le groupe auquel on appartient » mais aussi « règle de conduite que l'on s'impose, maîtrise de soi, sens du devoir ».

La question de l'autorité et de la discipline est au cœur des problématiques de la famille recomposée. C'est souvent sur les conflits qu'elle provoque que se joue l'avenir de la relation. Qui détient l'autorité ? Comment la partager équitablement ? Qui décide des règles ? Et des sanctions, quand elles sont transgressées ? Autant d'interrogations auxquelles les parents et beaux-parents doivent apporter une réponse, alors qu'ils œuvrent à construire leur relation amoureuse. Or les avis sur la bonne marche à suivre divergent.

« J'ai rapidement compris que je devais au plus vite prendre ma place dans cette famille en tant que figure d'autorité, raconte Évelyne, 36 ans. Mon ami et moi avons dû habiter ensemble très peu de temps après notre rencontre, avec ses deux fils de 7 et 11 ans et le mien, qui avait 5 ans à l'époque. Je savais que je ne devais rien laisser passer dès les premiers instants de notre vie commune : j'étais parfaitement consciente du fait qu'il est très difficile de regagner le terrain qu'on perd dans les premières batailles. Par chance, j'ai reçu un soutien inconditionnel de mon ami ; je ne pense pas que j'y serais arrivée sans son aide. Si j'avais un conseil à donner, ce serait celui-là : occupez le terrain aussi vite que vous le pouvez ; assumez pleinement cette responsabilité sans culpabilité ou état d'âme, c'est la clé du succès. »

« Je vois combien je me suis trompé, reconnaît Stanislas, 42 ans. Je suis arrivé dans la vie de Jeanne et de son fils avec la ferme intention de ne pas me laisser mener par ce petit gars qui, à 12 ans, était extrêmement difficile à canaliser. J'ai fait preuve d'autorité, sans compromis, car je pensais que Grégoire avait besoin d'un cadre serré. Mais sa mère n'a pas supporté et nous nous sommes violemment opposés sur cette question. Elle m'accusait d'être tyrannique avec son fils, alors que j'essayais de faire ce qui me semblait le mieux pour lui. Un jour, elle m'a dit qu'elle m'aimait toujours, mais qu'elle avait décidé de mettre fin à notre relation : c'était trop compliqué avec son fils. J'aurais dû prendre le temps d'établir une relation avec Grégoire avant d'imposer mes règles. »

Les enfants ne tolèrent pas l'autorité d'un adulte qui, à leurs yeux, n'a pas de légitimité. De leur point de vue, le pouvoir que leur beau-parent souhaite exercer sur eux n'a aucune raison d'être. Certains adultes ne sont pas en reste : telle mère se braque quand son conjoint réprimande ses enfants un peu trop sèchement à son goût ; telle belle-mère n'en peut plus de faire le garde-chiourme d'enfants qui ne prêtent aucune attention à ce qu'elle leur dit ; ou bien la mère s'insurge quand sa fille, de retour de chez son père, lui dit avoir été punie... Si les positions des uns et des autres ne sont pas claires, les sources de conflits seront pléthore.

Établissez un rapport de confiance

On n'impose pas son autorité de but en blanc. Il est essentiel de comprendre que l'autorité dont on souhaite jouir – dans la famille ou ailleurs – est toujours *accordée* par la personne sur laquelle on veut l'exercer : c'est seulement ainsi qu'elle deviendra légitime à ses yeux. La personne doit donc *volontairement* y adhérer.

Même si cette idée vous énerve, c'est votre beau-fils ou votre belle-fille qui vous donnera le droit d'exercer votre autorité sur lui ou sur elle. Sans cet accord, vous n'aurez aucune légitimité et il ou elle n'en fera qu'à sa tête. Il arrive d'ailleurs que les beaux-enfants refusent à leurs beaux-parents ce droit d'avoir de l'autorité sur eux : ils ne se plient à ce qui est demandé qu'à condition que la requête du beau-parent soit relayée par la seule figure d'autorité qu'ils acceptent, leur parent.

Au préalable à l'exercice de l'autorité, il est indispensable de créer un environnement relationnel favorable. Ce qui va de soi dans les familles où le père et la mère sont naturellement investis par leurs enfants de l'autorité est plus délicat dans la famille recomposée : les enfants ne perçoivent pas leur beau-parent comme une figure nécessaire à leur survie et à leur développement, ils n'ont donc aucune raison de se plier à son bon vouloir. C'est encore plus vrai dans le cas de beaux-enfants adultes : ils n'ont absolument pas besoin de cette autorité pour construire leur vie.

Cela dit, de nombreux enfants reconnaissent l'autorité d'un beau-parent avec empressement et soulagement. Quand leur père ou leur mère n'est pas capable d'offrir un cadre sécurisant, l'enfant réalise que son beau-parent tient un rôle essentiel pour lui et accepte aisément son autorité.

« Quand j'ai rencontré Zoé pour la première fois, elle avait 8 ans. Sa maman était décédée depuis trois ans, se souvient Leïla, 36 ans. Son père est un homme délicieux mais à l'époque il était très immature, incapable de donner un cadre à sa fille, et ça se voyait : elle était inquiète et peu sûre d'elle. Quand je me suis installée chez eux, elle m'a vite investie comme figure maternelle. C'était clair que je n'étais pas sa maman – d'ailleurs je faisais très attention à cela –, et elle se pliait avec grâce à toutes mes demandes. Bon, parfois elle grognait, comme tous les enfants, mais la plupart du temps, je n'avais pas à insister. Au fil du temps, je l'ai vue prendre de l'assurance et avoir davantage confiance en elle. Je suis heureuse de lui avoir apporté cela. »

Aux premiers temps de la vie avec vos beaux-enfants, l'enjeu est de vous montrer suffisamment ouvert(e) et digne de confiance. *La confiance précède l'exercice de la discipline*. Si les enfants ne sont pas aveuglés par des idées négatives sur vous, ils apprendront à vous connaître. Donc, ne forcez rien. Soyez aussi fiable et constant(e) que possible. Tenez les engagements que vous prenez auprès des enfants. Expliquez si nécessaire le sens et le bien-fondé de vos décisions. N'essayez pas coûte que coûte de faire bonne impression, au risque de ne pas être naturel(le). Laissez les enfants aller à leur rythme, avancez lentement avec eux. Apprenez à connaître cette famille et le fonctionnement de chacun de ses membres avant de vouloir changer quoi que ce soit dans les règles et habitudes de vie. La construction du lien de confiance qui sera le support de votre autorité va, de fait, demander beaucoup de tact et de patience de votre part.

Examinez votre attitude

« Je n'ai pas vraiment fait d'efforts pour aller vers les enfants de mon mari, avoue Amélie, 57 ans. J'ai vécu dix ans avec leur père mais j'ai fait comme s'ils n'existaient pas. Ils vivaient chez leur mère et je m'arrangeais pour les voir le moins possible quand ils rendaient visite à leur père. Je n'avais aucune autorité sur eux, même avec la plus petite, qui avait 11 ans quand je l'ai connue. Je ne m'y risquais pas d'ailleurs : pour être franche, je n'avais pas le désir d'en avoir ! »

Tous les enfants ne s'opposent pas à leur beau-parent ! C'est parfois *lui* qui bloque. Qui voudrait accepter ce que lui ne donne pas ? Par une attitude distante ou indifférente, le beau-parent crée des conditions qui empêchent une relation où son autorité sera acceptée et respectée.

« Je sais que j'ai un très gros défaut, reconnaît Lou, 39 ans, je suis soupe au lait et je m'emporte facilement. Il m'arrive de me mettre très en colère contre ma belle-fille de 14 ans et les mots dépassent ma pensée. Mon mari me dit que je peux avoir des propos assez crus. Il dit aussi que ce n'est pas étonnant que Charlotte ne me respecte pas, que c'est à l'adulte de se tenir et de prendre sur lui... J'ai du mal à accepter ça car sa fille est vraiment une peste avec moi parfois. Mais, de toute façon, je sais que j'ai tout gâché la première fois qu'on s'est rencontrées : j'ai eu une parole malheureuse au sujet de sa mère et ça l'a choquée... C'était stupide, je le reconnais, et maintenant, je dois ramer pour gagner ce que j'ai fichu en l'air. »

Si vous désirez avoir de l'autorité sur vos beaux-enfants, il est utile que vous vous posiez quelques questions : « Est-ce que je leur donne le même respect et la même attention que j'exige d'eux ? Est-ce que je fais preuve de considération, de suffisamment d'intérêt pour ce qu'ils font et ce qu'ils sont ? Est-ce que je crée assez d'occasions pour qu'ils se lient à moi ? Ai-je des attitudes ou des paroles irrespectueuses envers leur père ou leur mère ? Ai-je vraiment envie de créer une relation importante avec eux ?.... »

Si vous incarnez le respect que vous demandez à vos beaux-enfants, ils vous témoigneront sans doute ce respect en retour.

Les aspects positifs de l'autorité

Les mots « autorité » ou « discipline » sont chargés de connotations négatives. Et pourtant, ils peuvent prendre une tournure extrêmement positive pour l'enfant. C'est sur cette conviction que le parent et le beau-parent doivent s'appuyer pour agir en toute sérénité.

Le psychologue Carl E. Pickhardt définit cinq bénéfices de l'autorité[1] dont vous pouvez discuter avec vos beaux-enfants pour leur montrer ce qu'ils peuvent tirer de la relation avec vous ; en comprenant mieux vos intentions, même si elles sont parfois contraignantes, ils seront plus enclins à accepter votre autorité.

- L'adulte exerce une influence positive sur l'enfant comme figure de protection qui intercède en sa faveur.
- L'adulte est celui qui prend les décisions quand l'enfant n'y parvient pas tout seul. Il l'ouvre aussi à des possibilités qu'il n'avait pas envisagées. Il a le pouvoir de faire des exceptions aux règles établies, et montre ainsi à l'enfant qu'il a une écoute attentive de ses besoins.

---

1. *Keys to Successful Stepfathering*, Barron's Educational Series Inc., 2010.

• L'adulte gère pour l'enfant les ressources dont il a besoin au quotidien : la nourriture, les vêtements, l'argent nécessaire à ses études, à ses vacances, à ses loisirs... L'enfant serait incapable de le faire seul.

• L'adulte est la figure d'autorité qui guide l'enfant dans ses choix d'orientation scolaire, qui lui propose des solutions dans les conflits avec ses amis, qui le soutient dans ses activités sportives ou autres.

• Les compliments, les encouragements et les marques de satisfaction de l'adulte, par l'autorité qu'il exerce, prennent une grande importance pour l'enfant. Cela contribue à construire l'estime de soi.

Qui fait quoi ?

Il est étonnant de constater que le sujet de la discipline n'est pratiquement jamais abordé par les parents et les beaux-parents avant qu'ils ne s'engagent dans la folle aventure de la famille recomposée : rien n'est défini et chacun avance à vue, sans aucun cadre. Pourtant, il est essentiel de prendre le temps de faire le point ensemble. « Qui fait quoi ? » est une question capitale, d'autant qu'elle fluctue en fonction des circonstances.

Faut-il que le beau-parent délègue toute l'autorité au parent ou doit-il prendre part à l'exercice de la discipline ? Rachelle Katz[1] recommande que, les premiers temps, le beau-parent se limite

1. Rachelle Katz est une thérapeute familiale américaine exerçant à New York. Elle est spécialisée dans l'accompagnement des familles recomposées.

aux aspects positifs de l'autorité, en déléguant au parent les aspects plus contraignants[1]. Cette position a plusieurs avantages : d'une part elle donne au couple le temps de s'accorder sur ses principes d'éducation, en évitant que l'un fixe des règles que l'autre pourrait contredire, par manque de concertation ; d'autre part les enfants n'entrent pas d'emblée dans l'opposition. Une fois le lien établi, l'équilibre des pouvoirs change et les enfants peuvent commencer à accepter que le beau-parent exerce sur eux une certaine discipline.

Parfois la transition n'est pas possible, les circonstances ne permettent pas d'attendre que le lien se crée.

> « Matthias voyage beaucoup pour son travail, explique Natacha, 37 ans. Très rapidement après que nous nous sommes installés ensemble, il a dû s'absenter fréquemment de la maison, même quand c'était notre semaine de garde de Clément. Je me suis donc retrouvée souvent seule avec lui, et j'ai dû faire preuve d'autorité vis-à-vis de ce petit garçon de 8 ans qui ne comprenait pas pourquoi il devait obéir à une étrangère quand son père n'était pas là. Ça a été très folklorique les premiers temps... Il a fallu que Matthias prenne son fils entre quatre yeux, en ma présence, pour lui dire clairement que c'était moi qui commandais quand il était absent, qu'il devait m'obéir comme il obéissait à son père. Clément a eu beaucoup de mal à s'adapter à cette situation mais il l'a finalement acceptée. »

1. *The Happy Stepmother. Stay Sane, Empower Yourself, Thrive in Your New Family*, Harlequin, 2010.

De même, la transition est parfois impossible quand le beau-père ou la belle-mère arrive dans une famille monoparentale dans laquelle la discipline s'est dégradée au fil du temps.

« Quand je suis arrivé dans cette maison, se souvient Patrick, 44 ans, j'ai aussitôt compris que tout partait à vau-l'eau depuis des années : Carole n'avait visiblement aucune autorité sur ses fils de 13 et 16 ans. J'ai dû tout de suite monter au créneau pour rétablir un minimum d'ordre ! Je n'ai pas laissé de choix aux garçons : je vivais avec leur mère et eux, ils devaient accepter mon autorité, ce n'était pas négociable. Ça a été très musclé pendant un an, au point de mettre en péril ma relation avec Carole, mais j'ai tenu bon parce que je refusais de laisser deux ados décider de mon destin ! »

Le parent doit impérativement comprendre que c'est par lui que son nouveau conjoint va gagner sa légitimité aux yeux des enfants. Il doit s'appliquer à déléguer l'autorité en signifiant clairement aux enfants qu'il soutient de façon inconditionnelle son ou sa partenaire dans les décisions qu'il ou elle prend. Sans ce soutien ferme et constant, la cause du beau-parent est perdue d'avance, et c'est très souvent dans ce contexte que les relations de couple explosent : le beau-parent se sent abandonné, sans protection face aux assauts des enfants...

Quand les conflits éclatent

Vous souhaitiez une relation d'amour paisible... et vous voilà à affronter des conflits de toute sorte ! Est-ce révélateur d'un problème qui vous est propre, d'une incapacité à créer de l'harmonie autour de vous ? Bien sûr que non ! La famille recomposée comporte structurellement des germes de conflit, par la nature de sa configuration. Il est nécessaire de répéter que, dans la majorité des cas, cela n'a rien à voir avec vous en tant que personne.

Hormis les difficultés avec les ex dont nous avons déjà parlé, les conflits qui éclatent entre le beau-parent et ses beaux-enfants, ou bien avec son partenaire au sujet des enfants, sont liés à des divergences de vues (telle belle-mère ne conçoit pas que son beau-fils ne range pas sa chambre, alors que le père considère que c'est son territoire et qu'il faut le respecter, quel que soit son état), à des luttes de pouvoir et d'autorité (tel beau-fils refuse l'autorité de son beau-père) ou à la revendication d'un état émotionnel que les autres ne reconnaissent pas (telle belle-mère explose un soir parce qu'elle a l'impression que ses beaux-fils et leur père la considèrent comme la bonne à tout faire).

Conflits entre le beau-parent et ses beaux-enfants

« La situation est compliquée entre ma belle-fille et moi, reconnaît Joëlle, 41 ans. Elle vivait seule avec son père depuis trois ans et ils avaient tous les deux pris leurs petites habitudes. Je ne vous raconte pas la tête qu'elle a faite quand j'ai installé mes affaires dans la chambre de son père... Depuis, c'est la guerre froide : elle s'en tient au strict minimum (à peine bonjour), me coupe la parole quand je parle à son père, entre sans frapper dans la salle de bains... J'ai essayé de parler avec elle mais chaque fois j'ai droit à son silence méprisant. Je suis fatiguée de devoir me battre avec elle, elle ne lâche rien... »

« Je suis en conflit avec le fils d'Aminata, explique Christophe, 46 ans. Quand il est là le week-end ou pour les vacances, il ne sort pas de son lit avant midi et veut prendre son petit déjeuner alors que nous passons à table. Il est sans cesse en décalage avec le rythme de la maison et s'exclut de tout ce que nous faisons. À 5 ans, Basile, le fils qu'Aminata et moi avons eu ensemble, a besoin d'un cadre, que je m'efforce de lui donner. Mais si son frère de 16 ans le transgresse constamment... quel mauvais exemple ! C'est insupportable ! »

Quelques erreurs stratégiques sont à éviter dans la confrontation avec l'enfant.

• Une trop grande rigidité est souvent contre-productive. Certains beaux-pères, notamment, estiment qu'ils ne doivent rien céder ; ce serait selon eux un signe de faiblesse ou de manque d'autorité. Mais il est important de ne pas tomber dans le piège de la « tolérance zéro », qui mine les relations. Faire en sorte qu'un enfant se plie aux requêtes de son beau-parent exige de la patience. Il est sage de lui laisser un peu de latitude, sans attendre qu'il s'exécute sur-le-champ.

N'oubliez pas que l'ado en particulier a besoin de prouver qu'il existe en tant que personne, résister aux injonctions peut dès lors simplement être un moyen de marquer sa singularité. Comprenez-le mais restez constant(e) dans vos demandes. Une fois qu'il sentira que son amour-propre n'est pas bafoué s'il obéit à son beau-parent, tout deviendra certainement plus facile. Ce n'est souvent qu'une question de temps.

Parfois, on arrive dans une impasse. Il peut être sage de le reconnaître en le formulant explicitement : « OK, on est toujours en conflit sur ce point-là. Ni toi ni moi ne voulons bouger. Je te propose de cesser de nous déchirer là-dessus et de reprendre le problème plus tard. Je ne suis pas en train de te dire que je lâche l'affaire et que tu peux faire ce que tu veux, je te propose simplement de mettre ce problème en suspens et d'y revenir plus tard. On pourra alors peut-être trouver une solution. »

• Trop laisser faire est tout aussi dangereux. *Un des enjeux pour le beau-parent est de ne pas donner à l'enfant l'impression qu'il prend le pouvoir.* Si, pour avoir la paix, il cède ou bat constamment en retraite face aux agressions ou aux chantages affectifs de l'enfant, celui-ci comprendra qu'il peut user et abuser de ce pouvoir – or il n'est pas en mesure de l'utiliser avec sagesse et il pourra mettre en péril l'intégrité de la famille si on le laisse faire.

• Le beau-parent ne doit pas systématiquement faire appel à l'arbitrage du parent de l'enfant dès qu'il est en conflit avec lui. Cela altère son autorité et fait passer à l'enfant le message qu'il est incapable de s'en sortir. De plus, l'enfant peut lui en vouloir de déplacer leur conflit sur son parent, en le faisant entrer en conflit avec lui.

• Même au cœur du conflit, le beau-parent doit absolument faire preuve de respect envers l'enfant. Toute dévalorisation de celui-ci lui reviendrait en boomerang.

« Un jour que je me disputais avec mon beau-père, se souvient Fabien, 19 ans, il m'a pris de haut en me disant que j'étais ridicule et immature avec ma mère. Il a lourdement insisté sur mon lien fusionnel avec elle devant son fils. Je me suis senti humilié. Maintenant, pour moi, il est black-listé. Je refuse tout échange avec lui. »

• Après un conflit, il est toujours utile d'essayer de reprendre les choses à distance, en gardant à l'esprit que les débordements émotionnels suite à des conflits apparemment mineurs sont le reflet d'enjeux plus profonds.

« Lorsque Sébastien, mon beau-fils de 17 ans, a explosé quand je lui ai dit que sa moyenne en maths était un peu basse, j'ai été étonné par la violence de sa réaction, se souvient Pascal, 49 ans. J'ai appris plus tard que son père ne cessait de le traiter de bon à rien et que cela le déprimait. Il avait été effondré que je puisse moi aussi lui faire des reproches sur sa scolarité, alors qu'il me percevait comme un soutien. J'ai dû reprendre les choses avec lui, en lui disant combien j'avais à cœur sa réussite. »

Si vous avez l'intention d'avoir une discussion sérieuse avec votre beau-fils ou votre belle-fille, il est recommandé d'en parler en amont avec votre conjoint pour qu'il soit au courant de ce qui se passe entre vous. Vous pouvez lui demander d'être présent(e), afin de donner plus de poids à vos propos ; c'est une manière de montrer à l'enfant que son parent est solidaire de votre démarche.

Quelques mesures simples peuvent éviter les explosions émotionnelles au sein de la famille. Il est important de convenir de ne pas garder pour soi ce qui est source de tourment si cela vient d'un membre de la famille ou d'une situation particulière. S'en ouvrir à un des parents ou à un des membres de la famille, plutôt que de laisser pourrir les choses, suppose évidemment que les canaux de communication soient clairement ouverts au sein de la famille. Lorsque les zones de fragilité de chacun sont connues par les autres membres de la famille, on peut s'engager à ne pas appuyer délibérément là où ça fait mal.

Conflit dans le couple, au sujet des enfants

Quand l'enfant dépasse les limites qu'on tente de lui imposer et que son parent n'est pas en phase avec son beau-parent sur la manière de régler la situation, il est fréquent que le conflit opposant enfant et beau-parent dégénère en un conflit entre parent et beau-parent. C'est là où le couple se fragilise. De surcroît, quand l'enfant perçoit cette dissonance parentale, il essaie – plus ou moins consciemment – de profiter de la situation pour obtenir ce qu'il veut.

Une mère reproche à son compagnon d'être trop strict avec son fils. Il lui répond qu'il est impossible que ce garçon soit aussi dilettante avec ses études : il a besoin d'un cadre qu'elle est incapable de lui donner. Sa compagne se fâche : « J'en ai assez d'être sans cesse remise en question ! Est-ce que tu crois que tu es toujours à la hauteur, toi ? »

Quand vous êtes en conflit au sujet des enfants, faites votre possible pour ne pas laisser le ressentiment s'accumuler. Osez ouvrir le débat avec votre conjoint sur les sujets qui fâchent. Acceptez de l'écouter sans l'interrompre. Faites l'effort d'essayer de comprendre pourquoi il ou elle se comporte comme il ou elle le fait et sur quoi repose son attitude. Ne laissez pas un conflit sans discussion, en prenant sur vous dans l'espoir que les choses se résoudront d'elles-mêmes : cela ne se passe jamais ainsi...

« Je suis en conflit avec mon mari au sujet des règles à respecter à la maison, explique Nathalie, 45 ans. Quand sa fille vient à la maison pendant les vacances, elle veut sortir tous les soirs et je ne suis pas d'accord pour qu'une jeune fille de 18 ans traîne dans les rues jusqu'à 3 heures du matin. Son père est très bohème et ne trouve rien à redire à cela. Je ne supporte pas qu'il lui donne l'autorisation de rentrer tard, alors que, dix minutes avant, je lui ai demandé de rentrer avant minuit. On n'arrête pas de s'écharper sur ce problème et cela m'énerve qu'il me disqualifie devant sa fille. De plus, je trouve que c'est un très mauvais exemple pour Manon, notre fille qui a aujourd'hui 9 ans. »

Très peu de couples discutent en amont de l'éducation des enfants. Il est pourtant nécessaire de connaître les principes et les valeurs de la personne qui partage désormais votre vie : comme vous, elle a son histoire spécifique et ce passé conditionne sa vision du monde et ses attitudes vis-à-vis des enfants ; ses positions sont peut-être à l'opposé des vôtres ! Il est donc utile d'en discuter calmement – à distance de tout conflit – afin d'identifier vos potentielles zones de désaccord et d'harmoniser le mieux possible vos approches éducatives.

Des pistes de résolution des conflits...

Selon Carl E. Pickhardt, il y en a quatre[1].

• Certaines situations appellent des changements d'attitude ou de comportement qui nécessitent de développer des capacités d'écoute et d'ajustement.

« Camille, ma belle-fille de 13 ans, était très agressive avec moi, explique Valérie, 43 ans. Je ne comprenais pas pourquoi, car mon mari et moi faisions tout pour qu'elle se sente bien quand elle venait chez nous. Un soir que nous étions seules, je me suis assise près d'elle et je l'ai invitée à me confier ce qui la tracassait. Elle était très surprise mais elle a finalement pu

1. *Keys to Successful Stepfathering, op. cit.*

m'avouer que cela la mettait vraiment mal à l'aise de nous voir, mon mari et moi, nous embrasser sur la bouche devant elle. Je lui ai dit que je comprenais parfaitement et je lui ai promis d'en parler à son père. Il a été d'accord pour que nous changions d'attitude et nous faisons maintenant attention devant Camille. Depuis, elle se montre plus tendre avec nous, rassurée sur le fait qu'on a pris en compte ce qu'elle ressentait. »

Au passage, j'insisterai sur le fait que Camille avait raison : les manifestations de tendresse appuyées entre adultes sont, en règle générale, déplacées devant les enfants. Ils n'ont pas à être pris à témoin. Cela fait partie de la pudeur à garder vis-à-vis d'eux.

• D'autres situations imposent des concessions, pour lesquelles il faut une bonne dose de flexibilité, ainsi qu'une capacité raisonnée à renoncer à certains principes auxquels on tient, sans pour autant avoir l'impression de se sacrifier.

« Mon compagnon est resté très proche de son ex-épouse, raconte Paule, 38 ans. Il va souvent s'occuper de son jardin et faire les réparations que nécessite son petit manoir, d'une taille non négligeable. Cela m'énerve, mais il me demande de faire un effort : cette maison est le lieu de vie de ses enfants ; son ex n'a pas les moyens de faire appel à un professionnel. Il me répète également que je n'ai pas à m'inquiéter : il n'est plus amoureux de son ex, son aide est uniquement logistique, pour le bien-être de ses enfants. J'ai fini par accepter mais je lui ai clairement dit que ce n'est que par amour pour lui que je faisais cette concession... »

• Quand aucun changement ne peut survenir pour faire évoluer la situation et qu'on estime qu'il n'est pas possible de faire des concessions, on peut arriver à un compromis, ce qui implique des capacités de négociation.

« Le premier été a donné lieu à un violent conflit entre mon compagnon et son ex-épouse, se souvient Émilie, 36 ans. Chacun voulait ses enfants la deuxième quinzaine de juillet et ils se sont déchirés pendant des semaines sans que personne cède. Finalement, c'est le père de mon mari qui est intervenu : il a invité son fils et son ex à déjeuner et a fait le médiateur. Ça a bien fonctionné car ils le respectent tous les deux. Depuis ce jour où ils sont parvenus à un compromis, ils arrivent à se parler sereinement pour le partage des vacances... »

• Quand la résolution d'un problème ne relève ni d'un changement, ni d'une concession, ni d'un compromis, seule une nouvelle perspective peut changer la donne, ce qui demande une certaine créativité.

« Un jour, j'ai pété un câble avec le fils d'Anne, se souvient Massimo, 46 ans. Il refusait de m'aider à nettoyer le garage et j'ai explosé en le traitant de "parasite". J'étais hors de moi, mais je ne comprenais pas pourquoi je réagissais avec tant de violence. Mon épouse a été choquée par ce comportement assez inhabituel et elle a demandé d'en parler tranquillement parce qu'elle soupçonnait que quelque chose d'autre était en jeu. Elle avait raison : elle a pu me faire reconnaître que je me sentais comme une planche à billets dans cette famille ; j'avais l'impression que tout ce que je gagnais passait dans les frais de la maison et l'éducation de ses enfants ; je raquais sans rien dire, mais j'étais de plus en plus en colère intérieurement et c'est cette frustration qui s'était exprimée avec son fils. Elle a reconnu mes efforts et m'a proposé de contribuer davantage aux dépenses du foyer. Deux jours plus tard, elle m'annonçait qu'elle avait trouvé un boulot à temps partiel à côté de la maison... »

Carl E. Pickhardt souligne également que de petits gestes ou de simples paroles de *courtoisie* font parfois des miracles à très peu de frais. Montrer à l'enfant que vous écoutez attentivement ce qu'il dit, se rappeler les échéances importantes pour lui, le remercier sincèrement quand il a fait quelque chose que vous lui avez demandé ou le complimenter pour quelque chose qu'il a accompli sont autant de petits pas vers plus de respect et de considération mutuelle.

... et des stratégies de succès

Rien n'est acquis dans la construction de votre nouvelle famille, vous l'avez compris. La famille recomposée lance le défi de faire cohabiter des personnes qui, hormis les parents, ne se sont pas choisies et qui partent souvent avec un a priori négatif ou en tout cas assez circonspect les unes envers les autres...

Faire sentir l'alliance parentale

Les enfants ne doivent avoir aucun doute sur l'alliance des parents en matière d'autorité et de discipline, même s'ils font tout pour mettre à mal celles-ci. Ils doivent sentir que la priorité est donnée à la relation de couple et que, quoi qu'ils fassent, ils ne parviendront pas à la déstabiliser. Comme le rappelle la psychanalyste Catherine Audibert, « il est nécessaire de créer un mariage autour duquel les enfants s'organisent, plutôt que de créer un mariage qui s'organise autour des enfants[1] ».

Prendre le temps de se parler

Vous êtes tombés amoureux. Vous n'avez aucune envie de discuter des règles de fonctionnement de votre nouvelle famille. Et pourtant, vous avez tout à gagner à mettre ce sujet sur la table, avant qu'il s'invite de lui-même ! Que voulez-vous ? Comment vous imaginez-vous que cette famille puisse fonctionner ? Quelles sont vos attentes, vos craintes, vos interrogations ? Quelle est votre idée de l'éducation, de l'autorité, de la discipline ? Que pense et souhaite votre partenaire ? Sur quoi pouvez-vous négocier ? Sur quoi vous est-il impossible de transiger ?

Cette réflexion commune a besoin de temps pour s'élaborer, afin de définir le plus clairement possible les contours de ce que vous souhaitez

1. *Le Complexe de la marâtre. Être belle-mère dans une famille recomposée*, Payot, 2007.

construire ensemble. Ne supposez pas que vos manières de concevoir les choses sont les mêmes. Ne présupposez pas ce que croit ou pense votre conjoint : demandez-le-lui explicitement, pour qu'il n'y ait pas de malentendus par la suite. Posez des questions si quelque chose vous semble flou. Faites vraiment l'effort d'écouter ce que vous dit votre partenaire et comment il ou elle le dit.

Il arrive qu'au cours de ces discussions, on découvre des incompatibilités fondamentales dans sa vision de la famille. Il vaut mieux les aborder franchement et ne pas les cacher sous le tapis, sous prétexte qu'en parler créerait un malaise : tout ce qui est nié ou court-circuité au début d'une relation réapparaît un jour ou l'autre !

> « Quand j'ai rencontré Alain, il habitait Paris et moi Bordeaux, explique Sonia, 36 ans. Il avait ses deux enfants de 5 et 9 ans en garde alternée avec son épouse, une semaine chacun. J'avais un très bon job et je redoutais d'aborder la question d'un déménagement. Au fil des mois, c'est toujours moi qui montais à Paris pour le retrouver et c'est là mon erreur : je lui ai fait passer le message que j'étais prête à tout quitter pour venir vivre avec lui et ses enfants. Quand j'ai finalement évoqué la possibilité qu'il déménage pour me rejoindre à Bordeaux, il a été soufflé. Il tenait pour acquis que c'est moi qui allais venir m'installer à Paris. On a fonctionné comme ça encore trois mois, et j'ai fini par renoncer à cette relation... »

Fixer les règles et impliquer les enfants

Il est important de coordonner les traditions familiales, ce qui est loin d'être simple quand elles sont dissemblables ! On pense parfois que certaines règles sont tellement évidentes qu'il n'est pas nécessaire de les énoncer (comme les règles élémentaires de respect et de courtoisie). Détrompez-vous ! Les enfants ont besoin de savoir explicitement ce qu'on attend d'eux. Il est extrêmement utile de les impliquer dans le processus de décision, même si ce sont les adultes qui fixent le cadre et doivent garder la main. Néanmoins, il est reconnu que les enfants adhéreront d'autant plus volontiers aux règles familiales qu'ils auront pris part à leur élaboration. Perdita Kirkness Norwood suggère de noter par écrit les règles sur lesquelles on s'est mis d'accord et conseille d'afficher cette liste à un endroit stratégique de la maison (porte du réfrigérateur ou chambre des enfants), afin de couper court à toute discussion ou négociation ultérieures[1]. C'est une possibilité : à chacun de voir ce qui convient le mieux à sa famille.

Il est également très utile de préciser quelles seront les conséquences s'ils transgressent les règles familiales. Ainsi, les enfants accepteront mieux les punitions, car elles auront été validées

1. Perdita Kirkness Norwood, auteur de *The Enlightened Stepmother*, éditions HarperCollins, elle-même belle-mère, partage son expérience et anime des groupes de parole dans le Connecticut aux États-Unis. Son livre est le fruit des réflexions de ces groupes.

avec eux en amont, et le beau-parent pourra plus facilement les mettre en œuvre.

« Ce week-end-là, mon épouse était en séminaire et j'étais seul à la maison avec Elicia, raconte Bernard, 45 ans. Les enfants ont une assez grande liberté mais la règle est qu'ils appellent s'ils doivent rentrer au-delà des heures convenues. Elicia est restée dormir chez une amie et ne m'a prévenu qu'à 23 heures. J'étais inquiet, d'autant qu'elle avait éteint son portable. Quand elle est rentrée et qu'elle a cherché sa tablette, je la lui avais confisquée (la sanction décidée en famille s'il y a manquement aux règles communes est la confiscation de la tablette pour une semaine). Elle était furieuse : "De quoi tu te mêles ? J'ai 16 ans, et t'es pas mon père !" Je lui ai répondu : "Non, je ne suis pas ton père. Mais tu connais les règles et les conséquences quand on ne les respecte pas. Cela n'a rien à voir avec le fait que je sois ou non ton père." Elle a râlé tout le reste du week-end mais je n'ai pas cédé : la règle, c'est la règle et elle l'avait acceptée. Tout s'était calmé quand sa mère est rentrée. »

Quand les nouvelles règles familiales sont très différentes de celles auxquelles les enfants étaient habitués, il est normal qu'ils commencent par s'y opposer ou qu'ils aient du mal à les respecter. L'adulte doit comprendre que ces changements peuvent être perturbants pour l'enfant et qu'il a besoin d'un peu de temps pour s'y adapter.

« Mon épouse souhaitait que mes enfants frappent avant d'entrer dans notre chambre, raconte Étienne, 40 ans. Le problème, c'est qu'ils ne l'avaient jamais fait, ni quand je vivais avec leur mère, ni pendant ma période de célibat après le divorce : ils avaient libre accès à ma chambre ! Le plus petit ne comprenait pas et entrait quand bon lui semblait ! Cela irritait mon épouse jusqu'à ce qu'elle comprenne qu'à 5 ans, Benjamin pensait qu'elle ne voulait pas de lui. On a pris soin de lui expliquer pourquoi il devait maintenant frapper à la porte. Il a progressivement intégré cette nouvelle règle et ça ne pose plus de problème. »

« Après le divorce, nous avons vécu entre filles, mes adolescentes et moi, pendant deux ans, explique Maud, 43 ans. Quand Martial a emménagé chez nous avec son fils de 8 ans, il a tenu à ce que les filles ne se promènent pas toutes nues dans la maison après avoir pris leur douche ! Elles ont rouspété face à cette nouvelle règle car elles avaient cette liberté quand nous étions toutes les trois. Ça a pris un peu de temps avant qu'elles pensent à se couvrir quand elles passaient de la salle de bains à leur chambre ! »

Enfin, il est évident que les règles établies doivent s'appliquer équitablement entre tous les enfants de la maisonnée : il serait absurde, injuste et source d'inutiles problèmes que certains reçoivent un traitement différent. Les enjeux de compétition sont déjà suffisamment sensibles pour ne pas les exacerber davantage !

Soyez néanmoins assurés d'un point : même si vous passez du temps à convenir avec les enfants des règles de fonctionnement de la famille, elles seront toujours transgressées ! Rien ne se passera exactement comme vous l'avez décidé – et c'est complètement normal : les règles définissent un cadre de référence stable mais ce cadre évolue en fonction des circonstances et d'événements inattendus. Vous pourrez toujours revenir au cadre initial et discuter pour l'ajuster, sans pour autant tout remettre en question.

Se désengager

Il n'est pas possible de clore ce chapitre consacré à l'autorité sans aborder le cas où l'enfant refuse systématiquement tout ce que son beau-parent propose. Quand son autorité n'est jamais reconnue, quand la discipline qu'il tente d'imposer n'est jamais respectée en dépit des efforts répétés et des tentatives de négociation, quand la relation devient toxique et affecte la vie quotidienne, il reste une option : se désengager. C'est l'ultime recours – parfois la seule solution pour ne pas précipiter la fin de sa relation de couple...

Se désengager, c'est se soustraire à certaines responsabilités et les remettre entre les mains du parent. On instaure dès lors avec l'enfant un autre mode relationnel. Ce n'est pas un chantage pour faire céder l'enfant ou son parent, on est au-delà : on ne nourrit plus aucune attente. Ce n'est pas non plus une punition : l'objectif est de se préserver parce qu'on a atteint ses limites, non de chercher à punir qui que ce soit.

« J'ai tout essayé avec Joan, explique Sophie, 47 ans. La gentillesse, la dureté, la négociation, la patience... Rien n'est parvenu à infléchir sa capacité de destruction. Il voulait ma peau. Je ne comprends pas ce qui s'est passé parce qu'à 10 ans, quand je l'ai connu, il était mignon. Mais à l'adolescence, il a complètement changé : jamais je n'ai vu un garçon aussi hostile, méchant. J'y perdais ma santé physique et mentale et je ne pouvais pas beaucoup compter sur le soutien de son père, qui laissait courir les choses, sans vraiment intervenir. J'ai eu envie de partir... La seule solution pour moi a été de cesser du jour au lendemain de me préoccuper de mon beau-fils. Je l'ai dit à mon mari. Ce n'étaient pas des représailles contre Joan – je n'attendais plus rien – mais une marque de respect envers moi. Je refusais de me laisser détruire : il fallait que je prenne soin de moi. »

Les raisons de se désengager sont multiples : attaques et critiques incessantes, inaccessibilité aux demandes de calme et de respect, humiliations à répétition, abus de tout type, mensonges, insultes, exclusions de toute sorte, absence de marques de reconnaissance ou de gratitude, menaces, constat d'un épuisement physique ou psychique, signes de dépression, perte de l'estime de soi, sentiment de vulnérabilité, impression de se perdre qui sont le prélude à un possible burn-out... Face à de tels assauts contre son intégrité émotionnelle, le beau-parent n'a parfois pas le choix.

Comment procéder ?

Il est essentiel de signifier explicitement aux membres de la famille que l'on se désengage sur tel ou tel aspect de la vie de l'enfant. Il est donc important d'avoir auparavant mené une réflexion personnelle sur la démarche de désengagement qu'on s'apprête à mettre en place. Il peut être utile d'en parler à un ami ou à un thérapeute, afin d'être le plus clair possible avec soi : « Quelles sont les raisons de mon désengagement ? Quelles dimensions de notre vie de famille cela couvre-t-il ? Comment vais-je l'expliquer à mon beau-fils et à mon conjoint ? Est-ce que je fixe une durée à ce retrait ? Quels événements ou changements d'attitude seraient susceptibles de me faire reconsidérer ma position ? »

Chacun doit définir ce que se désengager veut dire concrètement pour lui : pour les uns, cela signifie se mettre en retrait de certains aspects de la vie de l'enfant, tout en continuant à s'impliquer dans les domaines qui ne sont pas sources de stress ; pour les autres, il s'agit d'un désinvestissement massif, la quasi-totalité des responsabilités étant alors transférées au parent.

« La chambre de mon beau-fils est un champ de bataille, raconte Alice, 38 ans. Au début, j'ai imposé qu'il la range en fin de semaine, mais comme il ne le faisait pas, j'en ai eu assez de parler dans le vide. Et je ne suis plus rentrée dans son dépotoir ; je lui ai dit que je ne nettoierais plus et que je ne laverais que les affaires qu'il déposerait dans le bac à linge sale. Maintenant c'est son père qui se plaint de l'odeur qui se dégage de sa porcherie ! »

« J'ai tout arrêté du jour au lendemain, explique Renaud, 47 ans. La fille de mon épouse ne veut rien entendre de moi et me dénigre dès qu'elle le peut ?

Très bien : j'en prends acte. Elle vit chez moi mais je n'ai plus rien à voir avec elle. Elle se débrouillera pour aller au lycée – j'ai fini de faire le taxi pour une ado qui ne m'adresse pas la parole, le casque sur les oreilles. Elle demandera à son père ou à sa mère l'argent de poche que je lui donnais jusqu'à maintenant. Elle pourra rester des heures sur Internet, sans que je m'inquiète si elle fusille son année scolaire. Stop ! C'est fini ! J'arrête ! Qu'elle assume les conséquences de ses actes... »

Certains beaux-parents arrêtent de faire la lessive ou le repassage de l'enfant ; d'autres refusent de l'accompagner à ses activités extrascolaires ; d'autres encore renoncent à se préoccuper de sa scolarité ou même de son hygiène ; certains cessent d'adapter leur emploi du temps à celui de l'enfant ou renoncent à toute discussion avec lui, le renvoyant systématiquement à son parent à la moindre requête. Quoi qu'il en soit, quand les choses ont été mises en œuvre, il est utile de regarder comment on se sent dans la nouvelle configuration et comment la famille fonctionne. Après un certain temps, de quelques semaines à quelques mois, on peut évaluer l'impact de ce désinvestissement et en tirer des conséquences : soit on arrête de se désinvestir car la situation a évolué positivement – il est possible de s'impliquer dans un nouveau cadre qu'on prendra soin de formuler, soit on continue de la même manière, soit on se désengage encore plus...

Certains se désengagent de leurs implications en une fois, en déléguant tout au parent (ce qui peut être extrêmement violent pour l'enfant et son parent), d'autres progressivement (c'est évidemment moins violent et ouvre plus d'espace de discussion et de négociation).

Les conséquences du désengagement

Le parent réagit inévitablement. Il devra maintenant assumer seul ce que son compagnon ou sa compagne accomplissait pour son enfant. Cela le met parfois dans une position difficile, en créant des contraintes dans son emploi du temps ou ses habitudes de vie. Il n'est donc pas étonnant qu'il insiste pour que son conjoint fasse marche arrière. À l'extrême, il ou elle peut mettre en balance la relation, en brandissant la menace d'un divorce. Sans en arriver là, beaucoup critiquent le caractère infantile ou déraisonnable de cette attitude, en montrant combien leur conjoint se trompe en agissant ainsi : selon eux, ce n'est pas la bonne façon de procéder ; c'est peut-être l'autre qui a un problème, pas l'enfant... D'autres tentent la voie de la culpabilisation, accusant leur partenaire de les abandonner ou d'être irresponsable.

Il convient d'être ferme sur ses positions, tout en restant ouvert au dialogue. Chacun doit pouvoir entendre l'autre : l'un dans les raisons de son désengagement, l'autre dans les difficultés que cela implique pour lui. C'est sur la base d'une écoute réciproque attentive qu'on parviendra à trouver une voie de sortie par le haut.

« Je sais bien que ce n'est pas une solution de ne plus m'impliquer auprès des enfants de mon mari, soupire Michèle, 46 ans, mais je ne vois pas d'autre façon de me protéger. Vous savez, ça ne règle rien dans le fond car ça crée une tension au quotidien et il faut vivre aussi avec ça. C'est un stress en plus. Je vous dis cela et, en même temps, je trouve que c'est important pour moi d'avoir fait cette démarche. Je ne pouvais plus continuer à tout encaisser sans rien dire. J'étais en train de perdre pied... »

Le désengagement peut être vu comme un temps nécessaire pour reprendre son souffle et retrouver sa santé mentale. Cela fait passer un message très clair à l'entourage, mais a un coût émotionnel et relationnel qu'il ne faut pas négliger. Cette démarche peut signer le début de la fin de la relation de couple, comme elle peut en être une salutaire étape. Rien n'empêche qu'une phase de désengagement permette de rebattre les cartes, pour instaurer ensuite une nouvelle relation avec l'enfant – relation dont on redéfinira précisément les nouveaux contours.

« Mon retrait a paru extrême, se souvient Hélène, 45 ans. Mon mari m'en a beaucoup voulu au début car il ne comprenait pas. Ce n'est que quand il a dû prendre en charge tout ce que je faisais pour son fils qui se montrait de toute façon récalcitrant, même avec lui, qu'il a commencé à saisir comment j'en étais arrivée là. Ce n'est qu'à ce moment-là qu'il a exigé de son fils qu'il change radicalement, en le menaçant de renoncer à la garde alternée ou de l'envoyer en pension ! Alex a préféré retourner vivre chez sa mère – qui a été furieuse contre nous... Il ne venait plus qu'un week-end sur deux et dans un cadre très strict. Après deux ans, les choses se sont calmées. Il a grandi, mûri et nos relations se sont normalisées. Mon désengagement a finalement été bénéfique pour notre couple, mais je dois reconnaître que nous avons été à deux doigts de la rupture. »

Même si la situation est difficile à accepter pour le parent, il est essentiel qu'il marque le coup en légitimant son partenaire dans son désengagement. S'il reste critique ou ambivalent, l'enfant va continuer à se croire tout permis.

L'enfant qui pose problème quittera un jour le domicile et les relations seront peut-être rompues. Ou bien, en grandissant, il changera son attitude et comprendra les réactions de son beau-parent, en particulier s'il a lui-même des beaux-enfants...

Solliciter une aide extérieure

Quand les conflits deviennent inextricables, la question d'une aide professionnelle se pose.

• La thérapie ou médiation familiale se consacre aux interactions entre les membres de la famille pour mettre au jour les difficultés de communication et les incompréhensions mutuelles.

• La thérapie de couple permet de mettre à plat des différends entre les deux partenaires, en pointant leurs modes de communication et leurs façons d'affronter les différences et les conflits. Elle offre un lieu où peut se dire ce qu'on ne parvient pas à se dire en tête à tête.

• La thérapie individuelle avec un pédopsychiatre ou un psychologue pour enfants ou adolescents peut être proposée à ceux qui ont des difficultés à s'adapter à leur nouvelle vie. En bénéficiant d'un lieu neutre, ils pourront exprimer leurs interrogations et leurs émotions en toute sécurité. Les parents et beaux-parents peuvent ponctuellement être invités à ces séances, en fonction des besoins. Eux aussi peuvent éprouver le besoin d'une thérapie individuelle avec un psychiatre ou un psychologue pour faire le point sur leur situation au sein de la famille recomposée. Ce travail permet de ventiler les émotions, d'explorer les problématiques personnelles réactivées dans ce contexte, afin d'assumer du mieux possible les exigences du statut de parent ou de beau-parent.

VI

VIVRE ENSEMBLE

Au-delà des difficultés ou des conflits directement liés aux personnes, la famille recomposée rencontre des situations qui ont un impact déterminant sur elle. Elles sont liées à l'influence des proches, à la place de l'argent, au vécu de chacun lors des visites, à Noël et aux fêtes de fin d'année, ou encore aux vacances.

La vie au quotidien

L'influence des proches

Les proches de votre partenaire, sa famille et ses amis, ont une histoire commune avec lui. Ils connaissaient bien son ex-conjoint dont il est aujourd'hui séparé. Et il vous faut trouver votre place.

> « Quand j'ai rencontré mes beaux-parents pour la première fois, confie Édouard, 38 ans, j'ai eu l'impression de passer un examen. Ils étaient charmants, mais je sentais des regards insistants sur tous mes faits et gestes. J'ai su par la suite combien ils appréciaient leur ex-gendre et j'ai craint d'être comparé à lui... et de ne pas être à la hauteur ! »

« Quand Benoît m'a présentée à ses amis, se souvient Axelle, 48 ans, il y a eu un flottement pendant tout le dîner. Il avait perdu son épouse d'un cancer et ses amis s'étaient beaucoup impliqués dans l'accompagnement de sa fin de vie. Elle était toujours présente à leur esprit et je sentais qu'ils avaient du mal à m'accueillir comme la nouvelle compagne de Benoît. Il a fallu un peu de temps avant qu'ils m'acceptent dans leur cercle intime. »

Même si l'accueil est chaleureux, comment se sentir à l'aise quand on arrive au sein d'un groupe familial ou amical qui existe depuis des années ? Quand tous plaisantent au sujet d'événements dont on ignore tout, comment ne pas se sentir en décalage ? Aux premiers temps des rencontres avec les proches de votre partenaire, il est presque inévitable de se sentir observé, jaugé, voire jugé, et cela est source de stress.

Par exemple, votre nouvelle belle-sœur est toujours en relation étroite avec l'ex de votre mari, qui vous critique vertement : elle lui rapporte en détail ses rencontres avec vous et cela vous met mal à l'aise. Votre belle-mère a invité l'ex de votre compagnon à l'anniversaire de son petit-fils et elle ne vous cache pas sa préférence pour cette « mère merveilleuse », alors que vous-même n'avez pas d'enfant. Votre belle-sœur trouve que sa sœur est désormais trop tournée vers vous, alors qu'elles étaient toutes les deux devenues très proches depuis le décès de son mari ; de fait, votre compagne l'appelle moins depuis qu'elle vous connaît.

Vous savez que vous ne donnerez pas de petits-enfants à vos nouveaux beaux-parents, donc ils ne vous investiront émotionnellement pas autant que leur ex-belle-fille qui, elle, leur a donné une petite-fille. Ou vos beaux-parents vous croient responsable du divorce de leur fille...

Un conseil donc : n'allez pas trop vite ! Prenez votre temps avant de vous jeter dans l'arène familiale et réfrénez les élans de votre conjoint à vous présenter au plus vite à son réseau social. Rien ne presse ! Vous avez besoin de consolider votre relation avec votre partenaire, afin de le sentir fermement à vos côtés lors de vos premiers pas dans son univers relationnel.

Mais n'oubliez pas que votre arrivée au sein de ce cercle élargi peut aussi être vécue avec soulagement. Les parents de votre compagnon, en particulier, peuvent être rassurés qu'il ait rencontré quelqu'un qui le rende heureux. Voyant leur enfant apaisé à votre contact, ils vous ouvrent alors leur cœur.

Un point à souligner : les grands-parents ont été certainement très touchés par la peine de leurs petits-enfants lors du divorce de leurs parents. Beaucoup affirment avoir été désarmés en voyant s'effondrer la stabilité du foyer, et ils ont souvent assuré un relais essentiel, fait fonction de base de sécurité pour ces enfants. Sachez qu'ils tiendront une place importante dans votre nouvelle vie : certains deviendront les alliés de votre famille recomposée, arrondissant les angles lorsque émergeront les difficultés, quand d'autres n'auront de cesse de mettre de l'huile sur le feu. Alors autant veiller à établir avec eux les relations les plus cordiales possible. Même si les relations avec vous ne sont pas optimales, ils savent que vous allez être la belle-mère ou le beau-père de leurs petits-enfants. Comme ils souhaitent garder le contact avec eux, ils voudront plutôt entretenir avec vous des relations apaisées. De votre côté, vous pouvez les rassurer en leur montrant qu'ils auront toujours un contact facile avec leurs petits-enfants, quelles que soient les affinités que vous avez, vous, avec vos beaux-parents.

La place de l'argent

Dans les familles recomposées, directement ou indirectement, l'argent peut être au cœur de nombreuses disputes.

Parler d'argent en amont permet d'éviter les mauvaises surprises

Il paraîtrait impensable à deux jeunes gens qui se rencontrent de parler d'argent rapidement quand ils envisagent de vivre ensemble. Chacun est a priori autonome financièrement et chacun n'a à s'occuper que de lui. La donne est différente après une séparation, lorsque l'un des deux au moins a un ou plusieurs enfants et un ou une ex. Alors, pension alimentaire, remboursements en cours, engagements divers s'invitent dans la relation.

Parler d'argent est tabou dans notre société, mais dans les prémices d'une nouvelle histoire d'amour, c'est même perçu comme grossier, indécent et antiromantique. Il est évident qu'aborder la situation financière de chacun dès les premières rencontres est totalement hors de propos. Mais quand les choses deviennent sérieuses et qu'une vie commune commence à être envisagée, des échanges sur ce sujet s'imposent. On risque, plus tard, de se mordre les doigts de ne pas avoir osé l'évoquer, par peur de paraître vulgaire et intéressé, alors qu'on se retrouve dans d'inextricables difficultés financières...

Un an après son mariage, une jeune femme découvre que son mari rembourse une dette colossale de son ex pour laquelle il s'était porté garant.

Une autre découvre, dix ans après son mariage, que son conjoint n'a jamais modifié le nom du bénéficiaire de son assurance vie, à savoir son ex-épouse !

Une autre encore apprend tardivement que son nouveau compagnon continue à verser une importante pension alimentaire à la mère de ses enfants, alors qu'elle vit désormais avec un homme dont les revenus dépassent largement ceux de son ex. Cette femme a pris soin de ne pas se remarier et de ne rien officialiser, afin de ne pas perdre cette pension. Elle a un train de vie qui fait pâlir la jeune femme, alors qu'elle et son nouveau mari ont du mal à joindre les deux bouts.

Neuf mois après leur mariage, se penchant sur les comptes de son épouse, un homme s'étonne de ne pas y voir les versements de pension de son ex-mari et découvre que celui-ci s'est déclaré frauduleusement en faillite personnelle, si bien que sa compagne a totalement à charge ses trois enfants. Il se retrouve à financer, avec son épouse, les études de ses beaux-enfants, tout en finançant celles des siens !

Une femme se rend soudain compte que la charge financière que représentent les enfants de son mari interdit certains projets dont ils avaient parlé avant d'habiter ensemble. Et son compagnon a des réticences à avoir un enfant avec elle car il ne sait pas comment il va pouvoir assumer financièrement la charge de « deux foyers avec enfants », dit-il...

Le point commun de ces histoires est que ces couples n'ont pas abordé le sujet de l'argent quand ils ont décidé de vivre ensemble. Quelles que soient vos réticences, il est essentiel d'aborder cette question. Et si vous ne l'avez pas fait, essayez de toute façon de mettre ensemble les choses à plat.

Quelques questions délicates... mais qu'il est utile de se poser

• « Quels sont tes revenus mensuels ? Quelle est ta vision de l'argent ? Tes valeurs, tes principes, ta façon de gérer l'argent ? Où vont tes priorités : à l'épargne, l'investissement immobilier, les vacances, les loisirs ? Quelle est ta capacité d'épargne ? Qu'as-tu prévu pour ta retraite ? As-tu souscrit une assurance vie ? Qui en est le bénéficiaire ? »

• « Quel est le montant de la pension alimentaire que tu verses à ton ex et/ou à tes enfants ? As-tu des dettes avec elle ou lui ? Quel est leur montant ? As-tu des engagements financiers envers elle ou lui ? Lesquels ? As-tu des biens communs avec lui ou elle ? Lesquels ? »

• « Comment vois-tu la gestion financière de notre futur foyer ? Peux-tu assumer financièrement l'arrivée d'un autre enfant ? Souhaites-tu deux comptes séparés et un compte joint ? Si oui, combien allouerons-nous par mois et quelles dépenses pèseront sur ce compte commun ? Qui paiera quoi ? Qui paiera pour qui ? Nos enfants restent-ils à notre charge propre, ou faisons-nous bourse commune pour leurs études, les vêtements, les loisirs, leurs vacances ? Qui s'occupera des comptes à la maison ? Si nous nous marions, quel contrat de mariage souhaites-tu ? »

Prenez votre courage à deux mains : la sérénité de votre avenir en dépend. Faites lire ce chapitre à votre compagnon ou votre compagne pour qu'il ou elle puisse comprendre le sens de votre démarche. Essayez d'aller au-delà de vos résistances et tentez l'un et l'autre de répondre à ces questions le plus sincèrement possible. Vous vous en féliciterez par la suite.

Les visites des enfants

La famille recomposée vit au rythme des visites des enfants. Ce va-et-vient hebdomadaire, pour le week-end, la semaine ou une autre périodicité, en cas de garde alternée, s'effectue dans de bonnes conditions lorsque les parents s'entendent bien. Mais il n'est pas rare que les visites créent des tensions, quand elles réactivent certains conflits mal digérés.

Pour les beaux-parents

Les visites des enfants sont un rappel à la réalité du nouveau couple : celui ou celle avec qui on aspire à une vie à deux a déjà des enfants, on doit composer avec, qu'on le veuille ou non. Les visites sont souvent vécues au début avec une certaine appréhension, même quand les choses sont, par chance, relativement harmonieuses.

> « Je m'entends bien avec Jim et Allan, confie Sabrina, 37 ans, mais chaque vendredi soir, quand je sais que leur père va les chercher chez leur mère, j'ai le ventre qui se serre. Cette petite boule de stress ne me lâche que quand ils repartent le dimanche soir, même si le week-end s'est bien passé. Je croyais que j'avais un problème avec les enfants de mon mari, mais quand j'en ai parlé avec une amie qui vit également avec un homme divorcé dont la fille vient un week-end sur deux, elle m'a avoué éprouver la même chose. Ça m'a rassurée. »

Tant de choses sont en jeu durant les premiers temps de vie commune que beaucoup de beaux-parents stressent, la question centrale restant : « Ces enfants vont-ils m'accepter ? » Cette interrogation biaise les premières rencontres, qui perdent souvent en naturel et prennent l'allure d'un examen de passage ! Certains beaux-parents pensent d'ailleurs que leur relation amoureuse va dépendre du succès de ces premiers moments ensemble.

Pour les parents

Sous le joug de la culpabilité d'avoir plongé les enfants dans les tourments de la séparation, les parents cherchent à faire de ces rencontres avec eux un moment d'exception. Beaucoup se mettent alors une pression démesurée, qui affecte une situation déjà très chargée émotionnellement ! Certains pères par exemple se plient en quatre pour satisfaire les désirs de leurs enfants, bien au-delà du raisonnable. Ils les couvrent de cadeaux ou prévoient mille et une activités qui excitent et épuisent les enfants tout à la fois. En ont-ils réellement besoin ?.... Ces parents seraient étonnés d'apprendre que leurs enfants souhaitent plutôt passer des moments tranquilles à la maison. Certains veulent tellement que leurs enfants se sentent bien chez eux qu'ils renoncent à exercer leur autorité : un père raconte qu'il n'ose pas demander à sa fille de faire ses devoirs, de peur d'entrer en conflit avec elle ! À trop vouloir être aimé ou pardonné, on se stresse inutilement.

En faire trop pour ses enfants peut malheureusement conduire le parent à négliger son conjoint, qui ne prendra pas forcément très bien d'être mis sur la touche. Et il faut se méfier de ne pas démarrer sur ce mode. C'est le genre d'attitude qui peut se pérenniser et amener le beau-parent à se sentir satellisé dès que les enfants sont là.

« Dès que la fille de mon mari passait le seuil de la porte, je cessais d'exister, raconte Gersande, 41 ans. Il lui consacrait tout son week-end, l'emmenant au parc, lui faisant faire du vélo, du patin à glace... Il voulait vivre des moments privilégiés avec elle car elle lui manquait beaucoup la semaine. "J'ai besoin de passer du temps seul à seul avec elle", me répétait-il. Je comprenais, mais c'était un peu frustrant de les entendre au dîner raconter avec enthousiasme ce qu'ils avaient fait ensemble l'après-midi. Si je faisais remarquer à mon mari qu'il m'oubliait quand sa fille était là, il le prenait mal et me disait que j'étais égoïste, jalouse et insensible à ses besoins... Je l'ai quitté il y a un an. »

Le parent doit donc se montrer attentif pour ne pas créer chez son compagnon ou sa compagne un ressentiment susceptible de s'exprimer sous la forme d'une sourde agressivité envers le couple ou les enfants.

Pour les enfants

Certains n'éprouvent aucune difficulté à se fondre dans la nouvelle organisation qui va rapidement faire partie intégrante de leur quotidien, mais tous n'y parviennent pas immédiatement. Même si, dissimulant leur malaise, ils ne laissent rien paraître, beaucoup confient que les premières visites sont empreintes d'une certaine tristesse et d'une forte ambivalence. La réalité crue de la rupture de leurs parents leur éclate au visage et il n'est plus possible de la nier : « Ma famille n'existe plus et je n'ai pas d'autre choix que de l'accepter. »

Ils ont déjà rencontré le compagnon ou la compagne de leur parent, mais ce n'est pas la même chose de voir quelqu'un lors d'un déjeuner ou d'une sortie au cinéma et de vivre avec lui tout un week-end ! Beaucoup ont du mal, par exemple, à déterminer s'ils peuvent considérer la nouvelle maison de leur parent comme la leur ou s'ils n'y ont qu'un statut d'invité. Ils constatent la place que prend une nouvelle personne dans la vie de leur parent et cela suscite en eux de l'inquiétude ou de la jalousie. Pour certains, au début, il peut être difficile – voire insupportable – de dormir sous le même toit.

Néanmoins, les capacités d'adaptation des enfants sont telles que beaucoup parviennent, après quelque temps, à adopter la nouvelle configuration, en dépit des contraintes.

« La garde alternée, c'est un peu fatigant, reconnaît Jules, 10 ans. Le vendredi soir, je dois penser à ne rien oublier quand je vais chez papa car il habite loin de chez maman et c'est la cata si j'oublie un livre ou un cahier. À chaque fois, c'est un vrai déménagement, avec tous mes sacs et mon cartable... Je m'y suis fait – de toute façon, on ne m'a pas demandé mon avis. Mais c'est bête d'en être arrivé là... »

« C'est moche chez papa. C'est tout petit, alors qu'avant on habitait dans une maison beaucoup plus grande, et je n'ai même pas ma chambre ! se plaint Alice, 11 ans. En plus, sa copine ne veut pas cuisiner et on ne mange que des plats surgelés. Maman fait attention à ce qu'on mange, mais l'amie de papa, elle s'en fiche. Je n'aime pas aller chez lui. »

« Moi, j'aime bien avoir deux maisons, se réjouit Marius, 9 ans. Ça me fait deux ordinateurs et deux télés, et il y a plein de trucs chez papa qu'il n'y a pas chez maman. J'aime bien la nouvelle copine de papa et je m'entends bien aussi avec Patrick, le nouvel ami de maman. Ça fait un peu drôle d'avoir deux vies différentes chaque semaine mais ça me plaît bien. »

Respecter son territoire

Certains parents choisissent de faire en sorte que la chambre de l'enfant soit identique dans ses deux maisons : mêmes meubles, même décoration, etc. D'autres estiment qu'avoir un nouveau lieu de vie représente justement une opportunité pour l'enfant de se façonner un environnement différent. L'important est de faire en sorte qu'il se sente chez lui – c'est essentiel pour les plus jeunes. On peut y parvenir en désignant clairement un territoire spécifique pour l'enfant : une chambre qu'il aménagera et décorera à son goût ou, s'il n'y a pas assez de place, une partie d'un placard où il pourra ranger ses affaires, afin de les retrouver d'une fois sur l'autre. De même, dans la salle de bains, on peut lui dédier un petit espace. C'est particulièrement important si d'autres enfants vivent dans ce foyer à plein temps : l'enfant a besoin de savoir qu'il a aussi sa place dans sa maison, même quand il n'y est pas présent ; il doit avoir la preuve que tout le monde respecte son espace dans cette nouvelle maison et que quelque chose de lui reste en ce lieu, même en son absence.

Créer une continuité

Afin de créer une continuité entre les deux domiciles, certains parents proposent à l'enfant d'inviter un camarade à partager le week-end avec lui. L'enfant se retrouve ainsi à inviter « chez lui » un copain ou une copine, ce qui l'aide à s'approprier le nouveau lieu. Dans le même esprit, on peut aussi commencer avec l'enfant un projet qui va se déployer et évoluer de week-end en week-end : une peinture, un jeu vidéo qu'on interrompra et ne reprendra qu'à son retour, la construction d'une cabane dans le jardin... Certains parents proposent à l'enfant de prendre un chien ou un chat dont il aura la charge quand il viendra les voir.

Il est important de partager avec l'enfant ce qui s'est passé dans la maison durant son absence, en essayant de l'impliquer le plus possible : on raconte, on montre l'installation d'un nichoir pour les oiseaux, l'achat de la tablette, la nouvelle décoration du salon...

Anticiper les activités

L'enfant sera d'autant plus content de rendre visite à son parent qu'il pourra se projeter agréablement dans une activité plaisante : le rituel pizza-DVD le samedi soir, une sortie, un cinéma... Il a aussi besoin de savoir qu'il peut trouver chez son parent des temps calmes où il aura la latitude de faire sans contrainte ce qui lui plaît.

Organiser des événements familiaux

Les parents gagnent à importer chez eux certains rituels de la vie de leur enfant, comme la célébration des anniversaires ou la chasse aux œufs de Pâques dans le jardin. D'autres peuvent être inventés, qui deviendront spécifiques à la maison et aideront l'enfant à développer un sentiment d'appartenance.

Prévoir des temps de partage

Quand les enfants sont assez grands, certains parents / beaux-parents organisent des rencontres familiales où ils font le point sur les projets ou les décisions à venir, en prenant soin d'impliquer les enfants et de leur demander leur avis : sur les vacances, par exemple, la réorganisation de la garde alternée, ou encore... l'arrivée d'un petit frère ou d'une petite sœur. L'enfant a besoin de savoir qu'il pourra s'exprimer librement lors de ces rencontres et que son avis sera entendu et respecté – c'est important : il a déjà accepté tant de choses sans avoir droit au chapitre !

Préserver des temps entre l'enfant et son parent

L'enfant a besoin de retrouver son parent seul à seul, sans que son nouveau conjoint soit systématiquement présent. Les deux adultes doivent en discuter en amont, afin de bien délimiter les contours de ces temps privilégiés et d'éviter que le beau-parent se sente subitement délaissé. Il pourra profiter de ce temps pour s'occuper de lui et lire, faire du sport, aller voir ses amis, prendre du temps avec ses propres enfants... Il est important aussi que le couple se donne la possibilité de vivre des moments de qualité quand l'enfant ne vient pas, afin de contrebalancer les inévitables limitations quand la famille s'élargit.

Signifier dès le début les règles de fonctionnement en famille

Il faut signifier clairement à l'enfant les règles de fonctionnement de sa nouvelle maison. Et le plus tôt sera le mieux ! D'une façon très douce, au fil du temps, dès que l'occasion se présente. Cela donne à l'enfant un cadre qui l'aide à se situer.

La vie à la maison

> « J'ai emménagé dans l'appartement de mon ami deux ans après notre rencontre, se souvient Marie-Caroline, 37 ans. Je n'avais pas d'enfant, il avait une fille de 10 ans et un garçon de 13 ans. J'avais conscience d'habiter la maison de leur mère et je sais qu'ils envisageaient mon installation avec appréhension, même si les choses se passaient bien entre nous. C'était difficile pour moi de débarquer dans un lieu où rien n'avait bougé depuis le départ de leur mère. Mon ami n'avait rien changé dans sa chambre : elle était comme son ex-épouse l'avait laissée. Je suis entrée dans une maison où chacun avait ses petites manies et j'ai vite compris que je devais imposer ma marque si je ne voulais pas être mangée toute crue par ces habitudes et ces rythmes de vie qui n'étaient pas les miens. »

Se fondre dans le décor de son nouveau conjoint, en allant vivre chez lui, ou l'intégrer dans son cadre de vie, s'il vient habiter chez soi, n'est pas toujours aisé. Pour partir sur de bonnes bases, certains préconisent d'emménager dans un lieu nouveau : chacun se trouve alors sur un pied d'égalité dans un environnement neutre, dénué de toute empreinte du passé. Mais ce n'est pas toujours possible et, la plupart du temps, c'est l'un des conjoints qui accueille l'autre, celui-ci devant alors composer avec le poids d'une histoire qui n'est pas la sienne et une organisation familiale déjà bien rodée.

Comme toujours dans le cadre de la famille recomposée, il est très utile d'avoir en amont une discussion sérieuse à ce sujet. On peut s'inspirer des questions suivantes :

- « As-tu suffisamment discuté avec tes enfants de ma venue prochaine ? Qu'ont-ils dit ? Pouvons-nous avoir une discussion commune à ce sujet ? »
- « Je tiens à certains de mes meubles. Où puis-je les mettre chez toi ? Peut-on se débarrasser de certains meubles de ton ex (cela me dérange) ? »
- « Es-tu d'accord pour qu'on réaménage la cuisine ? Puis-je revoir la décoration de ton appartement ? Est-ce que tes enfants sont d'accord ? Est-ce que cela ne va pas être trop violent pour eux (c'est leur mère décédée qui avait tout décoré, n'est-ce pas ?) ? »
- « Es-tu d'accord pour qu'on change la configuration de notre chambre ? Je souhaite notamment

changer le lit que tu as partagé avec ton mari. Peux-tu enlever ses photos ?.... »

• « Que faire des affaires de ton époux décédé ? Que veux-tu garder ? Qu'est-ce que les enfants veulent garder ? »

• « Comment allons-nous réorganiser les chambres pour que mes enfants et les tiens puissent cohabiter ? Qui va partager la chambre de qui ? Comment va se faire la répartition des salles de bains entre tes filles et les miennes ? Faut-il prévoir une sorte de planning ?.... »

Soigner son arrivée dans la maisonnée est capital pour le nouveau conjoint. Il doit faire preuve de tact et de respect, même vis-à-vis d'habitudes ou de comportements qu'il réprouve. Tout changer du jour au lendemain, sans en discuter au préalable, peut provoquer des résistances. Petit à petit, on pourra ranger assiettes et couverts dans un meuble plus approprié, les céréales dans tel placard plutôt que dans tel autre parce que c'est plus pratique, etc. On veillera à expliquer ce qu'on fait et pourquoi on le fait, sans néanmoins tomber dans un excès de précautions. Autour de détails apparemment anodins se nouent souvent des problématiques plus profondes qui cristallisent les rancœurs et les ressentiments !

Les fêtes de fin d'année

Alors que notre société célèbre cette période de l'année comme un temps de retrouvailles et de chaleur familiale, il est étonnant d'apprendre combien peu d'adultes aiment ces fêtes, qui mettent parfois cruellement en exergue les aléas de la famille recomposée. Le beau-père, par exemple, peut avoir de la peine à célébrer Noël avec les enfants de sa compagne, alors que les siens le fêtent loin de lui, avec leur mère et son nouveau conjoint.

> « Je savais que mes enfants fêtaient Noël avec leur maman et son nouvel ami et ça me fendait le cœur, se souvient Rodolphe, 43 ans. Elle leur a proposé de me souhaiter un joyeux Noël sur Skype. Ça m'a fait du bien de les voir, mais je me suis effondré quand ils se sont déconnectés. Ma compagne m'a pris dans ses bras et m'a consolé : "On ira tous ensemble faire du ski l'an prochain, je te promets." Avant, je n'aimais pas vraiment Noël, mais maintenant je déteste cette période qui me rappelle tout ce que j'ai perdu. »

Noël peut aussi exacerber les tensions entre enfants et beaux-parents.

> « Je m'étais mise en quatre pour que le réveillon de Noël soit une réussite, se souvient Marine, 50 ans. La maison était décorée, tout était parfait. C'était la première fois que j'organisais Noël avec mon mari et ses enfants. Les trois étaient présents, ainsi que leurs grands-parents ; ils devaient voir leur mère le lendemain. Quand est arrivée l'heure des cadeaux, il y a eu un gros malaise : mes beaux-enfants avaient couvert de cadeaux leur père, leurs grands-parents et leurs frères et sœur, mais il n'y avait rien pour moi. Mon mari a regardé ses enfants avec colère et consternation. Il avait sous les yeux ce que je lui disais depuis

deux ans mais qu'il niait sans cesse : "Tes enfants n'ont rien à faire de moi." Là, il pouvait constater que c'était vrai. J'ai compris qu'il fallait que je fasse bonne figure pour ne pas gâcher la fête. J'ai ouvert une bouteille de champagne joyeusement, comme si de rien n'était. Le malaise est passé mais j'avais le cœur brisé. »

À l'inverse, les fêtes de fin d'année peuvent être l'occasion de mesurer le chemin parcouru, comme le souligne Rachel, 54 ans :

« Voilà neuf ans que je vis avec Maurice. J'ai un garçon âgé de 19 ans et Maurice, trois enfants qui ont maintenant 20, 23 et 26 ans. Leur mère s'est remariée avec un homme qui a une fille de 27 ans. Les premiers temps ont été assez tourmentés, c'est le moins qu'on puisse dire : beaucoup de tensions entre Maurice et son ex-épouse ; des conflits entre mon fils et les enfants de Maurice... Je pensais qu'on n'y arriverait jamais. Et pourtant, les choses se sont calmées au fil des années, au point que depuis deux ans, nous nous retrouvons tous pour le réveillon de Noël. Nous sommes dix autour du sapin et tout se passe merveilleusement bien ! C'est incroyable que nous en soyons arrivés là... J'ai bien conscience que notre situation fait figure d'exception, mais c'est quand même important de dire que ça existe ! »

Le souhait que les fêtes de fin d'année soient un temps paisible pour la famille est légitime, mais il vaut mieux les aborder avec beaucoup de distance, sans nourrir des attentes démesurées. Lors de ces réunions où les membres de la famille élargie sont présents, le beau-parent doit être vigilant, notamment, à ne pas trop en faire, dans le secret espoir d'être accepté de la tribu.

La nostalgie, couplée à une certaine culpabilité, peut s'emparer du parent à cette occasion. Comme l'écrit Catherine Audibert, « la tentation de recréer artificiellement la famille d'origine, seulement pour cette soirée, est grande, et plus encore quand les enfants sont petits. Certains peuvent même écarter les nouveaux conjoints, surtout si la relation est récente[1] ! » C'est bien ce que raconte Odile, 42 ans :

> « J'ai senti un trou d'air quand mon mari a suggéré qu'il pourrait peut-être aller passer Noël avec ses enfants chez son ex-femme. Il me disait que c'était le premier Noël depuis leur séparation et qu'il souffrait de ne pas être avec eux ce soir-là. Il voulait un Noël comme avant pour que les enfants n'aient pas de peine... J'avais tellement mal qu'il puisse imaginer me laisser seule le soir de Noël que je n'ai rien pu lui répondre sur le moment. Je n'ai pu lui en parler que le lendemain et, face à ma détresse, il a réalisé l'énormité de ce qu'il m'avait demandé. Il m'a avoué combien il se sentait coupable de les avoir quittés. J'ai compris ce jour-là que s'il devait un jour choisir entre ses enfants et moi, ce ne serait pas moi qu'il choisirait... »

Le mot clé est *flexibilité* car il est impossible de concilier l'inconciliable ! S'il est impossible d'avoir tous les enfants le soir de Noël, on peut négocier une année sur deux, avec une alternance « Noël

1. *Le Complexe de la marâtre, op. cit.*

avec l'un, le jour de l'an avec l'autre ». Une planification soignée s'impose pour éviter une montée de stress, surtout si les parents ont du mal à communiquer entre eux : « où ? », « chez qui ? », « quand ? », « comment ? » sont les questions à aborder impérativement entre parents et beaux-parents. Il faut faire preuve de tact et de sagesse... Inutile d'entrer dans un rapport de force stérile pour une fête dont il faut reconsidérer la charge symbolique, surtout si elle est source de tourments !

Les vacances

Plusieurs possibilités se présentent : vous partez en couple avec les enfants de votre conjoint ou avec vos propres enfants ; vous partez en couple avec les siens et les vôtres ; vous partez en couple d'abord avec ses enfants, puis avec les vôtres ; vous partez avec vos enfants, votre conjoint part avec les siens... éventuellement pour vous retrouver tous ensemble dans un second temps.

Les difficultés de la famille recomposée se transposent en vacances, quand tout le monde est réuni dans une plus grande proximité. Elles trouvent là un nouvel espace d'expression. Ces problématiques peuvent être considérablement amplifiées et ce temps de vie, supposé être un moment de détente, virer au cauchemar...

> « Je n'avais qu'une hâte : rentrer à la maison ! s'exclame Xavier, 46 ans. Ces vacances étaient juste fatigantes, entre mes fils qui voulaient vivre leur vie

d'ado et mes belles-filles qui voulaient leur mère à elles toutes seules ! J'avais l'impression de ne pas exister, sauf pour donner de l'argent à tout ce petit monde ! »

« Cette année, ça a été le pompon, se désole Valentin, 43 ans. Mon fils aîné est tombé amoureux de la fille de mon épouse ! Ils ont eu une petite idylle, sans qu'on voie rien ! Jamais je n'aurais imaginé un truc comme ça ! Et, évidemment, ça a tourné au drame quand elle l'a plaqué : il a fallu gérer la crise et je me suis retrouvé dans une lutte armée avec ma compagne qui m'accablait de tous les reproches... »

« Je me suis à nouveau retrouvée à faire la bonne pour les enfants de mon mari, raconte Myriam, 38 ans. J'avais prévenu que, pour les vacances, je refusais de m'occuper de la logistique car je le fais toute l'année. Il devait impliquer davantage ses enfants dans le quotidien mais ils n'en ont fait qu'à leur tête et j'ai dû à nouveau tout assumer. Je reviens épuisée ! »

Lors des vacances en famille recomposée, il est sage de reconsidérer ses attentes, notamment de laisser tomber cette idée de grande famille unie qu'on tente d'entretenir coûte que coûte. Les vacances sont un temps où il est possible de prendre de la distance par rapport aux exigences qu'on s'impose habituellement. Paradoxalement, c'est parfois quand les contraintes quotidiennes sont moins fortes que les évolutions qu'on attend depuis si longtemps surviennent enfin !

De nécessaires changements de repère

Les vacances bouleversent parfois certaines traditions familiales.

Depuis qu'ils sont petits, ces enfants ont l'habitude d'aller avec leurs parents chez leurs grands-parents dans leur maison du bassin d'Arcachon. Le père est pris entre deux feux : ses enfants lui demandent de venir seul chez leurs grands-parents (leur mère sera présente car elle est très appréciée de ses ex-beaux-parents) ; cela voudrait dire laisser sa nouvelle compagne durant la première semaine de juillet – ce qui lui semble impossible car il ne veut pas lui infliger cette peine et il n'est pas certain qu'elle accepte de le laisser partir... Il propose de venir avec sa nouvelle amie à un autre moment, quand son ex-épouse ne sera pas là. Ses parents acceptent mais ils ne peuvent pas s'empêcher de se montrer froids et distants avec « cette fille » qui a brisé leur famille.
Pourtant, le fait de vivre avec elle quelque temps les conduit à reconsidérer leur opinion sur cette jeune femme qui se révèle charmante, et très attentionnée à l'égard de leurs petits-enfants. Cette dernière a vécu les premiers jours dans un énorme stress – elle a pris sur elle pour faire bonne figure. Devant l'évolution positive de l'attitude de ses beaux-parents, elle commence à se détendre, deux jours avant de rentrer. Et ce sont les grands-parents qui se retrouvent dans un conflit de loyauté entre la mère de leurs petits-enfants et la nouvelle (et délicieuse) compagne de leur fils !

Les vacances sont l'occasion de changements d'habitudes qui peuvent infléchir l'attitude négative d'un enfant, d'un parent ou d'un beau-parent.

« J'ai proposé à mon beau-fils de faire de l'accrobranche dans un parc proche de notre maison de vacances, se souvient Martin, 40 ans. En bon ado, il a dit que c'était naze, en levant les yeux au ciel : il n'en avait jamais fait avant et cela ne l'intéressait pas ! J'ai insisté et il a fini par accepter de venir. Il s'est éclaté comme jamais ! Le soir, il ne tarissait pas de paroles enthousiastes à table. Sa mère me regardait, amusée et complice. Elle était visiblement très heureuse que je me sois aussi bien entendu avec son fils. »

Maintenez le cadre

Les vacances ne signifient pas pour autant l'abandon des règles que vous avez eu tant de mal à instituer à la maison ! Il est nécessaire de garder le cap, même si cette parenthèse permet de les relâcher un peu et de fonctionner sur des bases plus souples – et plus sereines.

Plus que jamais, il est essentiel que les règles établies pour les vacances s'appliquent équitablement à tous les enfants : les vôtres et ceux de votre conjoint.

L'occasion de mieux se connaître

Aussi périlleuses que soient les vacances en famille recomposée, elles fournissent de belles occasions de se découvrir. On consolide les bases de ce qu'on commence à appeler – avec prudence – une « famille » : les rythmes sont plus lents, chacun a du temps pour soi, la discipline est moins stricte, les parents sont plus détendus...

« Les fils de mon épouse, âgés de 13 et 15 ans, sont en garde alternée, explique Roland, 48 ans. Je voyage beaucoup pour mon travail et, finalement, je vis peu avec eux la semaine où ils sont avec nous. Les vacances m'ont aidé à mieux les connaître. Par exemple, j'avais l'impression que le cadet était un ado assez mou ; j'ai été surpris de le découvrir très vif intellectuellement, avec une passion pour l'archéologie – ce n'est pas courant pour un gamin de cet âge. L'an dernier, il y avait un chantier de fouilles près de notre lieu de vacances dans les Pouilles et il a tenu à m'y emmener. Ça a créé entre nous un lien très agréable, qui s'est poursuivi après les vacances. »

« J'avais une image assez négative de ma belle-mère, raconte Léda, 30 ans. Elle me semblait toujours speed, sur les nerfs. La première fois que nous sommes partis en vacances, j'avais un peu peur de ce qui allait se passer. En fait, elle a été géniale : elle nous avait organisé un circuit en Turquie et j'ai découvert une femme drôle et hyper attentive à moi. Je voyais bien qu'elle ne se forçait pas et qu'elle prenait vraiment plaisir à faire des trucs avec moi, quand mon père partait faire de la planche à voile. J'étais une jeune fille en plein développement et je me suis ouverte à elle sur des questions que je n'osais pas poser à ma mère. Là encore, elle a été plus que gentille. J'ai compris que je pouvais lui faire confiance et que c'était une erreur d'être en rivalité avec elle. Ces vacances ont été un tournant très positif pour notre relation. »

Si les vacances sont l'occasion d'approfondir les liens, il y a une erreur à ne pas commettre :

présenter pour la première fois son nouveau compagnon ou sa nouvelle compagne à ses enfants. Ils ont besoin de s'adapter à cette nouvelle personne : leur imposer sa présence vingt-quatre heures sur vingt-quatre du jour au lendemain les prive de cet indispensable temps d'ajustement.

Un temps pour chacun

Les vacances sont un moment privilégié pour se retrouver en amoureux, mais la présence des enfants vient souvent compromettre cette aspiration. Par exemple, vous venez de vous marier, mais votre nouveau mari veut consacrer le plus de temps possible à ses enfants car il les voit peu durant l'année : adieu les vacances en amoureux, et cela risque de susciter quelques grincements de dents de votre part... Ou ses enfants souhaitent profiter de leur père durant ces vacances et ils acceptent mal que vous revendiquiez autant de temps avec lui, alors que vous vivez maintenant ensemble ! Ces situations qui majorent les tensions et les jalousies préexistantes n'augurent pas de vacances sereines...

C'est pourquoi, afin de prévenir d'éventuelles frictions, il est nécessaire que vous soyez au clair sur ce que vous attendez l'un et l'autre de ces vacances. Ne prenez pas le risque de sacrifier votre vie de couple pour le bien des enfants, c'est la porte ouverte à la frustration. Par exemple, il peut être utile, avant de partir, de leur parler de votre désir de vous retrouver, en annonçant que vous sortirez parfois seuls au restaurant ou au cinéma.

Prévenus, les enfants accepteront davantage vos escapades en amoureux, dans la mesure où vous leur accorderez aussi des moments privilégiés, soit seul à seul, soit tous ensemble dans des activités communes.

Prenez du temps avec vos propres enfants pendant les vacances : même si les choses se passent bien, ils ont très souvent la nostalgie de leur vie passée et parfois même des doutes sur l'affection que vous leur portez. Ils ont besoin de sentir que vous êtes toujours proche d'eux, même si vous aimez une autre personne. Depuis qu'elle partage votre vie, ils ont peut-être l'impression qu'ils n'ont plus si facilement accès à vous. Ces moments vécus seul avec eux pendant les vacances les réassureront de la profondeur de votre amour.

Les clés de la réussite

Que vous soyez père ou mère, beau-père ou belle-mère, vous vous demandez ce qui détermine le succès d'une famille recomposée : existe-t-il des facteurs pronostiques favorables ? Chaque couple est unique et c'est ce qui lui donne ses chances de succès. Néanmoins, dans le récit des personnes qui sont parvenues à recomposer une famille harmonieuse, reviennent toujours deux constantes : elles ont présenté un front uni face aux enfants et ont donné la priorité à leur couple.

Présenter un front uni face aux enfants

Le témoignage de Luc et Marianne, qui ont un enfant chacun d'un premier mariage et un enfant ensemble, livre presque toutes les clés du succès :

« On nous demande souvent comme nous avons réussi à construire notre famille. Selon nous, c'est grâce à l'unité inébranlable dont nous faisons preuve jour après jour face aux enfants. Cela n'est pas été simple au début : il y avait beaucoup de résistances de part et d'autre et nous avons dû discuter ensemble pendant des mois pour parvenir à trouver un juste équilibre. Mais nous y sommes arrivés. Aujourd'hui, les enfants sentent et savent qu'il leur est impossible d'amener l'un à faire ou à dire quelque chose que l'autre n'approuve pas. Il y a un discours parental unique à la maison, l'un étant le soutien total de l'autre. Ce n'est pas évident car il faut pouvoir tenir cette position sur la durée. Vous savez, les enfants sont très habiles pour trouver les failles du système ! De même, nous faisons bloc face à la mère du fils de Luc, qui est très intrusive. Nous disons toujours "nous" quand l'un de nous s'adresse à elle. Avec cinq ans de recul, nous avons maintenant la preuve que ce front uni est structurant pour les enfants. Il donne à notre famille sa cohérence et sa force. »

Constituer une équipe soudée

Faire front uni, cela implique que l'on décide de fonctionner comme une équipe soudée face aux enfants ou toute autre personne susceptible d'influencer la famille. Les décisions prises pour la famille et pour les enfants sont concertées, prises par deux adultes qui décident d'être solidaires. En effet, quand le parent n'apporte pas son soutien inconditionnel au beau-parent face à un problème qui l'oppose à son enfant, il fragilise énormément la position de ce dernier, pas seulement sur ce problème ponctuel. Il ne se rend pas compte qu'il mine ainsi l'autorité de son partenaire. Si cela se reproduit trop fréquemment, celui-ci se sent lâché face aux enfants et éprouve un sentiment de solitude et d'abandon, ce qui abîme le lien d'amour. Il est donc essentiel de transmettre à l'enfant un message non négociable : « Nous sommes un couple, c'est ainsi, que cela te plaise ou non. »

L'expérience montre qu'un front parental uni est source de sécurité et de stabilité pour les enfants. Il offre un cadre solide sur lequel chacun peut se reposer.

> « Les enfants ont compris que Pascal et moi faisons bloc, raconte Patricia, 43 ans. Ses fils savent qu'il me soutient toujours quand je leur demande quelque chose et mon fils sait que je soutiens toujours Pascal. Ils ont compris qu'il est inutile de négocier ou d'aller vers l'un pour contourner ou tenter d'annuler la décision de l'autre. Ça ne marche pas et ils le savent. Ça ne veut pas dire que nous sommes toujours d'accord, Pascal et moi, sur les décisions que prend l'un ou l'autre. Mais devant les enfants, il y a un soutien inconditionnel, quitte à moduler les choses plus tard, une fois que nous en avons discuté ensemble en privé. »

Une telle posture ne va pas sans déclencher des conflits. Si la plupart des enfants non seulement s'en accommodent mais y trouvent le cadre dont ils ont besoin, d'autres se rebellent contre ce qu'ils perçoivent comme une agression ou un abus de pouvoir de la part des adultes. Et ils font tout pour essayer de les mettre en défaut. Par exemple, si les enfants ne parviennent pas à infléchir la décision commune, ils peuvent s'en plaindre à leur mère ou à leur père, qui parfois reprochera à son ex de se « laisser monter la tête » par son ou sa partenaire, au détriment de leurs enfants...

Ne pas disqualifier son conjoint

Tenir un front uni peut être difficile pour celui qui est le parent. La culpabilité qu'il éprouve vis-à-vis de ses enfants peut en effet ronger sa détermination à soutenir son compagnon ou sa compagne. Se sentant pris dans un conflit de loyauté entre son ou sa partenaire et ses enfants, il va souvent prendre le risque d'aller à l'encontre de ce qui a été décidé. Pour ne pas se mettre ses enfants à dos, il disqualifie ainsi son conjoint face à eux. Cela laisse des traces dans la relation et, quand de telles situations se répètent, la cohésion du couple s'érode.

> « J'ai compris très tôt que si je ne soutenais pas ma nouvelle compagne face aux foudres de ma fille, elle n'aurait aucune chance de trouver sa place, se souvient Patrice, 39 ans. À 13 ans, Emma était impitoyable envers Chloé et il a fallu que je prenne beaucoup sur moi pour la recadrer quand elle dépassait les bornes. Emma n'acceptait pas que Chloé exige quoi que ce soit d'elle. En riposte, elle hurlait que je les avais abandonnées, sa mère et elle, pour "cette pouffiasse"...

Je tenais bon, mais je sentais que Chloé était à deux doigts de tout laisser tomber. Alors, j'ai pris le parti de la soutenir systématiquement dans ses décisions, même si ma fille devenait hystérique. Je l'encourageais sans cesse, en lui disant "mon amour" et en faisant le maximum pour préserver notre couple. Ça a été des années d'enfer. Mais quatre ans plus tard, ma fille l'adore ! Elle a oublié ce qu'elle a fait endurer à Chloé et ne jure que par elle ! Je crois que son comportement de l'époque était lié au chaos qui régnait chez mon ex-épouse : ma fille n'avait aucune limite et le seul endroit où elle en trouvait, c'était chez nous. Elle a beau avoir cherché à tout dynamiter, on a tenu bon et je pense que c'est cela qui a permis un équilibre. Chez nous, elle a compris qu'elle était cadrée et en sécurité. »

Cette histoire souligne encore l'absolue nécessité pour le père de préserver sa compagne face aux débordements des enfants : aussi courageuse soit-elle, celle-ci ne peut pas les contenir sans l'aide de son conjoint ; si elle se retrouve constamment seule sur le champ de bataille, elle finira par battre en retraite. De même, la mère doit s'opposer aux agressions de ses enfants envers leur beau-père ; sans ce soutien, lui aussi finira par avoir envie de tout laisser tomber.

Faire confiance... en toute lucidité

Si votre compagnon ou votre compagne vous fait part de problèmes avec vos enfants (critiques, attitudes désobligeantes ou vexatoires, négligence...), et qu'eux prétendent qu'il n'en est rien quand vous les interrogez, il est sage d'opter a priori pour ce que vous dit votre conjoint. Accordez-lui une confiance de principe, vous ferez plus tard la part des choses. Sachez que vos enfants peuvent adopter des attitudes négatives que vous ne voyez pas, tenir des propos cinglants que vous n'entendez pas ou avoir des marques d'irrespect qui passent inaperçues. Essayez d'être le plus juste possible dans l'évaluation d'une situation conflictuelle entre votre conjoint et vos enfants.

Cela soulève néanmoins un sujet délicat : s'il est vrai que certains enfants n'hésitent pas à inventer n'importe quoi pour discréditer leur beau-parent, toutes les belles-mères ou tous les beaux-pères ne sont pas irréprochables. Certains se montrent médisants, égocentriques et réellement hostiles envers leurs beaux-enfants. Si vous apportez votre soutien inconditionnel à votre conjoint, alors qu'il rend délibérément malheureux vos enfants derrière votre dos, vous les mettrez dans une situation impossible. Ils auront l'impression d'être abandonnés par la seule personne capable d'assurer leur sécurité. Donc si vos enfants se plaignent à vous de leur beau-parent et persistent dans leur plainte en semblant sincères, prenez le temps de les écouter. Demandez-leur de vous expliquer en détail ce qui se passe, avant d'interroger votre conjoint. S'il s'avère, après confrontation, qu'il est hostile ou néfaste à vos enfants, vous voilà face à une situation très délicate à gérer, dans une tension entre votre partenaire et la nécessité absolue de les protéger d'attitudes toxiques.

Se concerter, loin des yeux et des oreilles des enfants

Présenter un front uni ne signifie pas être d'accord en tout point sur ce que décide ou fait votre conjoint. Il y a parfois de réelles divergences de vues ou des désaccords profonds sur la manière d'aborder une situation. Si tel est le cas, que vous soyez parent ou beau-parent, il est quand même recommandé de ne pas contredire votre conjoint devant les enfants. Si vous le pouvez, il est sage de réprimer l'expression de votre colère ou de votre réprobation. Vous pouvez dire quelque chose comme : « OK. Il faut qu'on en reparle. On y réfléchit à tête reposée et on en rediscute un peu plus tard. D'accord ? » Revenez sur le point de discorde avec votre conjoint dès que vous serez sûr(e) que les enfants n'entendront pas cette conversation, d'autant qu'elle peut devenir houleuse.

Exprimer sa gratitude

Aller dans le sens de l'autre, faire des concessions, affronter sa culpabilité, apprendre à contrôler ses émotions demande beaucoup d'efforts, de part et d'autre. Et il est important qu'ils soient reconnus par la personne qu'on aime et pour qui on fait ces efforts. Soyez donc généreux l'un envers l'autre dans vos compliments. Encouragez-vous. Soyez mutuellement empathiques et compatissants envers les difficultés face aux enfants. Chacun a besoin de sentir que les efforts qu'il déploie sont appréciés à leur juste valeur.

Donner la priorité au couple

La famille recomposée n'existe que pour une seule et unique raison : deux êtres sont tombés amoureux et ont décidé de vivre ensemble. Le couple est donc la raison première de l'existence de la famille recomposée.

On constate pourtant que les difficultés de cette nouvelle famille sont parfois telles que les deux amoureux oublient de prendre soin de leur couple ! Or, si le couple se fragilise et devient instable, la famille a toutes les chances de se fragiliser elle aussi.

C'est pourquoi la deuxième condition essentielle au succès de la famille recomposée est *d'accorder la priorité à la relation amoureuse*. C'est une responsabilité qui incombe aux deux conjoints : trop souvent, les hommes pensent à tort qu'il n'est pas nécessaire de faire trop d'efforts pour nourrir ce lien et laissent ainsi à leur épouse la charge de veiller sur la solidité de leur relation ; celle-ci s'y emploie souvent vaillamment mais, après quelques tempêtes, elle risque de s'essouffler si elle ne se sent pas épaulée.

« Quand j'analyse ce qui nous a conduits au divorce, explique Hélène, 43 ans, je vois combien, mon mari et moi, nous nous sommes perdus dans les problèmes familiaux. Son fils avait de graves problèmes de toxicomanie. J'avais peur pour ma fille, qui vivait avec nous. Dès les premiers temps de notre relation, nous avons été happés dans le suivi médical anarchique d'Augustin et par l'agressivité de sa mère, qui reliait à nous tous les problèmes de son fils. Notre vie de couple est rapidement devenue inexistante. J'essayais de préserver des petits moments à nous, mais mon mari avait toujours un œil sur son portable, de crainte d'un appel de la police ou de l'hôpital ! On n'était jamais tranquilles. Je tentais de lui faire comprendre que notre couple était menacé par cette situation mais il me répondait qu'il n'avait pas le choix et que j'étais cruelle de lui dire ça : son fils avait besoin de lui. Bien sûr, je le comprenais... mais ce n'était pas la vie que je voulais vivre. J'avais eu mon lot de souffrances et j'aspirais à la tranquillité. Pendant deux ans, j'ai fait tout mon possible pour que ça tienne, mais notre couple était déjà mort depuis longtemps. Mon mari l'avait abandonné. Alors moi aussi, j'y ai renoncé... »

Trouver le juste équilibre

Prenons un exemple. Vous êtes divorcé, vos deux enfants vivent chez leur mère et vous avez trouvé un appartement proche de votre ancien domicile. Grâce à cette proximité, vos enfants passent beaucoup de temps chez vous. Un jour, vous tombez amoureux d'une femme qui n'a jamais été mariée et n'a pas d'enfant. Elle vient vivre chez vous. Vous la présentez à vos enfants et les choses se passent bien entre eux. Jusque-là, pas de problème... Vous êtes très amoureux mais une ombre apparaît au tableau : votre compagne se plaint de devenir transparente dès que vos enfants arrivent. Elle a l'impression que vous vous déconnectez d'elle en une fraction de seconde et que vous vous focalisez sur eux. Comment trouver le juste équilibre entre votre couple et vos enfants ?

Il n'y a malheureusement pas de réponse toute faite. Je vous propose néanmoins quelques pistes pour prendre soin de votre relation, car la survie de votre couple en dépend. Ces recommandations n'ont rien de spécifique à la famille recomposée, elles peuvent s'appliquer à toute relation d'amour, et elles méritent que vous vous y attardiez en faisant tout votre possible pour les mettre en œuvre. Les efforts à accomplir sont considérables, à la mesure des enjeux qui se présentent à vous !

Créditez votre banque émotionnelle !

J'ai expliqué dans deux de mes ouvrages précédents, *Ensemble mais seuls* et *Est-ce que tu m'aimes encore ?*[1], ce que j'entends par « banque émotionnelle ». Chaque partenaire ouvre, en lui ou en elle, un « compte émotionnel » au nom de la personne aimée. Quand celle-ci accomplit un acte d'amour, elle crédite ce compte ; par un acte de désamour, c'est comme si elle effectuait un retrait sur ce compte. Quand les deux comptes sont au vert et régulièrement crédités, la relation est harmonieuse et fluide, mais quand un des partenaires effectue plus de retraits que de dépôts, c'est-à-dire quand les négligences se multiplient – manque de prise en compte de l'autre, désintérêt pour ce qu'il fait, manque de soutien, etc. –, son compte devient débiteur et le lien d'amour qui le relie à son conjoint s'abîme.

1. Albin Michel, 2013 ; Albin Michel, 2009.

Or la famille recomposée crée maintes circonstances susceptibles de provoquer des retraits émotionnels. Par exemple, un père laisse sa compagne en plan pour aller faire du ski avec ses enfants, ne l'invitant pas à se joindre à eux car « c'est toujours conflictuel entre vous » ; du coup, elle passe une semaine seule à la maison, ruminant sa colère. Un enfant répond sèchement à sa belle-mère sous les yeux de son mari... qui fait comme si rien ne s'était passé. Une femme passe le réveillon de Noël avec son ex-mari et leurs enfants chez ses ex-beaux-parents, laissant son compagnon seul devant la télévision : « Ne fais pas cette tête, mon amour. Ce n'est pas si grave tout de même, et c'est si important pour les enfants ! »... Autant de retraits qui fragilisent la relation. Il est pourtant assez simple de les éviter.

Ensemble, sans les enfants

Il est essentiel que vous vous octroyiez des moments d'intimité, sans les enfants, *le plus régulièrement possible*. Faites-en un objectif non négociable : un week-end ou des petites vacances en amoureux de temps à autre, pendant que les enfants sont confiés à leur autre parent, une soirée tous les deux une fois par semaine pour aller au restaurant, au théâtre ou au cinéma... Certes, cela demande une vraie organisation et de l'anticipation, mais au regard des bénéfices que vous en tirerez, cela en vaut la peine.

Il est utile de convenir à l'avance que, pendant ces temps privilégiés, *vous n'aborderez pas les problèmes de la famille* : ce doit être un espace débarrassé de toute préoccupation familiale. Rappelez-vous ce dont vous parliez quand vous êtes tombés amoureux. Réactivez les conversations que vous n'avez plus sur vos centres d'intérêt. Élaborez des projets qui ne concernent *que* votre couple. Renouez avec des amis que vous avez perdus de vue et organisez des dîners d'adultes, avec des conversations d'adultes !

Profitez aussi de ces instants d'intimité pour exprimer plus librement votre affection et votre tendresse à votre partenaire, loin du regard des enfants qui freine parfois vos élans. Retrouvez votre intimité sexuelle quand ils ne sont pas là. L'amour a besoin de temps pour se déployer et s'approfondir. Souvenez-vous, quand vous êtes tombés amoureux, n'aviez-vous pas envie de passer tout votre temps l'un avec l'autre ? C'est sur ce désir que votre amour s'est construit, il est donc indispensable d'y consacrer du temps, si vous voulez qu'il perdure face aux difficultés de votre nouvelle famille.

Se parler, communiquer

Le manque de communication est ce qui endommage le plus la relation amoureuse. Or les sources de vexation sont légion dans une famille recomposée et, trop souvent, le beau-père ou la belle-mère opte pour le silence pour ne pas envenimer la situation. Mais à trop prendre sur soi, il ou elle finit par se sentir extrêmement seul(e) au sein de son couple.

Il faut faire tout votre possible pour ne pas en arriver là. Si quelque chose vous dérange, prenez les devants : essayez d'ouvrir le dialogue avant de parvenir à un point de saturation où vous ne pourrez plus rien supporter. Plus tôt vous créerez l'habitude de vous parler pour évoquer les difficultés mineures que vous rencontrez l'un et l'autre au quotidien, plus il deviendra facile d'aborder les sujets plus sérieux. Une étude menée par le thérapeute familial James Bray[1] indique que les vingt-quatre premiers mois d'un remariage avec enfants se caractérisent par d'intenses conflits, même au sein des familles qui se pacifieront par la suite ! La vérité est que très peu de couples savent affronter les conflits de façon constructive. Or c'est plus que nécessaire dans une famille recomposée.

Nourrir le lien

L'amour n'est jamais acquis une fois pour toutes. À trop vouloir prendre soin du bien-être des enfants, trop de couples oublient de nourrir leur lien amoureux. Négliger votre relation, sous prétexte que votre famille est confrontée à de sérieuses difficultés, n'est pas une bonne stratégie. N'oubliez pas que les enfants ont été témoins de la faillite de votre premier mariage. Leur réticence à investir votre nouvelle relation peut être un mécanisme de protection, pour ne pas être à nouveau déçus si celle-ci échoue à son tour. Mais si les enfants constatent que votre couple est solide et

1. Citée par Wednesday Martin, *Stepmonster, op. cit.*

qu'il a la capacité de s'inscrire dans la durée, cela les rassurera et ils accepteront peut-être de coopérer... Prendre soin du lien amoureux n'est donc pas une préoccupation secondaire de la famille recomposée, c'est au contraire un axe prioritaire.

ALORS...
COMMENT T'AIMER,
TOI ET TES ENFANTS ?

Que vous soyez père ou mère, beau-père ou belle-mère, n'oubliez jamais que vous êtes avant tout compagnon ou compagne. La raison d'être de votre famille est le désir de vivre votre lien amoureux avec la personne que vous avez choisie. C'est donc ce lien qui doit rester votre priorité, sinon vous vous noierez dans des problématiques qui vous feront perdre l'axe fondateur de votre famille.

J'espère qu'après avoir lu ce livre, vous avez conscience des obstacles potentiels qui se dressent sur votre route. Je veux croire que vous êtes désormais mieux armé(e) pour y faire face et que vous saurez relever avec intelligence le défi de la famille recomposée.

Comment la situation va-t-elle évoluer ? Les choses peuvent d'emblée bien se passer et le rester à tout jamais. C'est une véritable chance ! Si la situation est un peu chaotique au début, c'est normal : on considère que trois à cinq années sont nécessaires pour stabiliser les relations au sein d'une famille recomposée. De nombreuses problématiques abordées au fil de cet ouvrage resteront d'actualité, même si votre conjoint et vous avez mis beaucoup d'énergie pour les aborder au mieux. Les tensions et les conflits perdront certainement en intensité au fil des années, quand bien même ils pourront être réactivés lors d'événements comme les naissances, les anniversaires ou les mariages. On sait par exemple que quand c'est au tour du jeune adulte de devenir parent, la naissance du bébé réactive inconsciemment chez lui toute sa petite enfance, si bien que les tensions d'autrefois peuvent se ranimer pendant quelque temps. Ce n'est pas si grave... Il arrive un moment où on comprend qu'il est vain de livrer d'inutiles batailles et on tente alors de trouver un modus vivendi compatible avec chaque membre de la famille.

Si vous tenez bon sans vous nier ni vous oublier, les choses se pacifieront avec le temps. Chacun apprendra à se connaître et trouvera petit à petit sa juste place. Le temps permettra de comprendre ce qui motivait le rejet ou l'hostilité initiale des enfants. Il apaisera les différends entre ex-conjoints, le ressentiment. On peut également espérer qu'il calmera les peurs et instillera plus de sérénité dans les relations.

Vous n'êtes pas à l'abri de bonnes surprises : l'amour peut naître là où on avait perdu tout espoir de le voir éclore ! La tendresse d'une belle-mère pour le nouveau-né de sa belle-fille peut dissiper la discorde qui les séparait depuis des années ; le mariage d'un beau-fils avec une femme ayant elle-même des enfants peut le conduire à reconsidérer sa relation avec son beau-père, percevant alors, peut-être pour la première fois, tout ce que cet homme a fait pour lui ; les enfants devenus parents comprennent ce que cela veut dire et cette relecture de tout ce qu'ils ont fait endurer à leurs parents et beaux-parents pendant des années les amène à changer d'attitude...

Et si votre famille recomposée faisait une différence majeure dans votre vie ?....

Si vous êtes beau-parent, le vécu parfois compliqué de la famille recomposée vous a mis(e) au pied du mur, vous obligeant à aller chercher en vous des trésors de patience et sagesse. Dans le meilleur des cas, cela a fait de vous une personne plus forte, plus aimante, plus consciente d'elle-même, avec un sentiment d'accomplissement personnel d'avoir relevé avec brio un défi qui était loin d'être gagné d'avance. À travers vous, votre conjoint et vos beaux-enfants ont connu des personnes qu'ils n'auraient jamais rencontrées dans d'autres circonstances. S'ils ont accepté de ne pas résister face à tout ce que ces personnes avaient à leur donner, n'avez-vous pas contribué à les ouvrir au monde ? Par exemple, votre père a donné à votre beau-fils le goût de la médecine, votre sœur a partagé avec votre belle-fille sa passion de la danse, votre frère a décomplexé votre beau-fils en lui faisant découvrir le sport, votre compagnon ou votre compagne s'est ouvert(e) à la spiritualité ou à la psychologie par les conversations qu'il ou elle a eues avec votre meilleur ami, vous avez été un(e) allié(e) inestimable pour votre beau-fils dans l'acceptation de son homosexualité... Tout cela s'est accompli grâce à vous !

Si vous êtes parent, l'expérience de la famille recomposée vous a peut-être ancré(e) davantage dans ce qu'être parent veut dire. Cela vous a peut-être aussi donné la pleine mesure de ce que signifie l'amour pour votre compagnon ou votre compagne. Vous voyez clairement ce qu'il ou elle a été capable de faire (et parfois de subir !) par amour pour vous. Vous aussi avez peut-être gagné en profondeur et en maturité ! Par la force des choses, votre famille a ouvert chacun de ses membres à d'autres façons de percevoir les autres ; votre conjoint et vous avez été les artisans de cette ouverture d'esprit qui sera un atout dans la vie de vos enfants. Il y a une légitime fierté à vous dire que vous avez, tous les deux, contribué à créer un groupe humain qui, même s'il ne se définit pas comme une famille, a pourtant appris à vivre en harmonie. Dans cette famille recomposée, par l'amour que vous avez partagé avec votre conjoint, contre vents et marées, sous les yeux de vos enfants, vous avez peut-être restauré en eux la confiance : il est possible de réussir une vie de couple, alors même qu'on a été blessé par un décès ou un divorce. La vie à deux ne conduit pas nécessairement à la catastrophe !

Ainsi, même si ce livre vous a montré le côté obscur de la famille recomposée (afin de mieux vous y préparer !), ne perdez pas de vue tout ce qu'elle peut apporter de beau et de bénéfique à votre vie. C'est peut-être la meilleure chose qui vous sera jamais arrivée !

Avant que nous nous quittions, je vous propose une feuille de route reprenant les grandes lignes de cet ouvrage.

• Avancez à petits pas : « Chaque pas est une victoire », dit Lao Tseu. Faites preuve de patience, encore et encore, en donnant à chacun (et à vous-même !) le temps de s'ajuster aux multiples changements qui s'imposent à lui.

• Si vous êtes beau-parent, renoncez à devenir le père ou la mère de vos beaux-enfants. Renoncez à toutes les attentes illusoires qui biaisent négativement votre attitude. Soyez aussi conscient(e) et réaliste que possible quant à votre rôle et votre place : c'est là que résident votre paix et votre force d'action. N'essayez pas de plaire à tout le monde pour être accepté(e), éviter les conflits ou apaiser votre culpabilité : cela ne fonctionne pas et vous vous épuiseriez inutilement ! Soyez fidèle à vous-même !

• Établissez rapidement les règles de fonctionnement de votre foyer, si possible en concertation avec les enfants. Posez au plus vite les fondements d'une autorité éclairée qui prend chacun en compte, tout en exigeant le respect des règles instituées. Ouvrez le dialogue, communiquez le plus clairement possible sur vos actes ou vos intentions et offrez en retour une authentique attention aux frustrations et aux besoins de chacun, en tentant d'y répondre du mieux que vous le pouvez.

• Présentez un front uni face aux enfants et à leur mère ou leur père. Montrez un soutien inconditionnel devant eux, même si vous devez reprendre les choses ensemble en privé, en cas de désaccord. Ce soutien est l'expression de la force de votre relation : prenez soin d'elle, ménagez du temps pour votre couple loin des préoccupations familiales.

• Concentrez-vous le plus possible sur le positif, sur ce qui fonctionne : les progrès accomplis, les obstacles dépassés, les conflits résolus... Faites preuve de gratitude à l'égard de votre conjoint et exprimez-la clairement. Invitez vos enfants et beaux-enfants à faire de même.

• Anticipez le plus possible ce qui peut l'être : les vacances, les fêtes de fin d'année, la gestion financière du foyer...

• Si la situation est trop difficile à assumer, sollicitez de l'aide, qu'elle soit familiale, amicale ou professionnelle. N'attendez pas d'être épuisé(e) pour réagir. Trouvez un lieu où vous pourrez ventiler vos émotions et déposer votre fardeau en toute sécurité.

• Parent ou beau-parent, prenez soin de vous. Ressourcez-vous dans des activités qui vous font du bien. Ménagez-vous des temps de repos, loin des contraintes de la vie de famille. Retrouvez-vous en tant que personne, afin de rester centré(e) sur l'essentiel.

Mettez tout votre cœur dans cette aventure, mais ne vous y perdez pas.

Aimez avec sagesse, mais sans aveuglement.

Avancez avec confiance, mais faites preuve de discernement.

N'oubliez jamais que ceci est votre vie et que vous seul en avez le contrôle.

Je vous souhaite tous les bonheurs du monde !

Quelques livres pour aller plus loin

Audibert Catherine, *Le Complexe de la marâtre. Être belle-mère dans une famille recomposée*, Payot, 2007.

Dallaire Yvon, *Qui sont ces couples heureux ? Surmonter les crises et les conflits du couple*, Le Livre de poche, 2007.

Dolto Françoise, *Les Étapes majeures de l'enfance*, Gallimard, 1998.

Duprez Guillaume, *Guide de la famille recomposée. Droits parentaux, dispositifs fiscaux, successions*, Éditions du Puits fleuri, 2004.

Gottman John et Silver Nan, *Les couples heureux ont leurs secrets*, Pocket, 2006.

Gratch Alon, *Pourquoi ça casse alors que ça pourrait marcher. Je t'aime, je te quitte*, Payot, 2007.

Halmos Claude, *L'Autorité expliquée aux parents*, Nil, 2008.

Huerre Patrice, *Arrête de me parler sur ce ton ! Comment réagir* ? Albin Michel, 2004.

Linder Marie-Dominique et Théo, *Familles recomposées. Guide pratique*, Hachette Pratique, 2005.

Revol Olivier, *J'ai un ado mais je me soigne*, JC Lattès, 2010.

Rosenberg Marshall, *La Communication non violente au quotidien*, Jouvence, 2003 ; *Les mots sont des fenêtres (ou bien ce sont des murs). Introduction à la communication non violente*, La Découverte, 2004.

Rufo Marcel, *La Vie en désordre. Voyage en adolescence*, Le Livre de poche, 2009.

Sauzède Jean-Paul et Sauzède-Lagarde Anne, *Former une famille recomposée heureuse. Comment faire pour que chacun trouve sa place ?* InterÉdition, 2013.

Viaris Agnès de, *Famille recomposée. Guide de premiers secours pour une vie harmonieuse*, Carnets de l'info, 2011.

Et pour les enfants

Delval Marie-Hélène et McPhail David, *Les Deux Maisons de Petit Blaireau*, Bayard Jeunesse, 2033.

Dolto Catherine, *Ma famille recomposée*, Gallimard Jeunesse, 2011.

Dolto Françoise et Catherine, *Paroles pour adolescents, ou le Complexe du homard*, Gallimard Jeunesse, 2007.

Masurel Claire et MacDonald Denton Kady, *Mes deux maisons*, Bayard Jeunesse, 2001.

Saint-Mars Dominique de et Bloch Serge, *Simon a deux maisons*, Calligram, 2005.

Texier Ophélie, *Camille a deux familles*, L'École des loisirs, 2004 ; *Jean a deux mamans*, L'École des loisirs, 2004.

Walsh Melanie, *Chez Papa et chez Maman. Mes deux maisons*, Gallimard Jeunesse, 2012.

TABLE

Du même auteur
aux éditions Albin Michel :

VIVRE LE DEUIL AU JOUR LE JOUR

VIVRE ENSEMBLE LA MALADIE D'UN PROCHE
Aider l'autre et s'aider soi-même

APRÈS LE SUICIDE D'UN PROCHE
Vivre le deuil et se reconstruire

MAINTENANT OU JAMAIS !
La transition du milieu de la vie

ENSEMBLE MAIS SEULS
Apprivoiser le sentiment de solitude
dans le couple

LE COUPLE BRISÉ
De la rupture à la reconstruction de soi

EST-CE QUE TU M'AIMES ENCORE ?
Se reconstruire après l'infidélité

ACCOMPAGNER UN PROCHE EN FIN DE VIE
Savoir l'écouter, le comprendre
et communiquer avec les médecins
(avec la participation de Stéphane Allix)

S'AIMER ENFIN !

www.christophefaure.com

PAPIER À BASE DE FIBRES CERTIFIÉES

Le Livre de Poche s'engage pour l'environnement en réduisant l'empreinte carbone de ses livres. Celle de cet exemplaire est de :
470 g éq. CO_2
Rendez-vous sur www.livredepoche-durable.fr

Composition réalisée par PCA

Achevé d'imprimer en octobre 2017, en France sur Presse Offset par
Maury Imprimeur – 45330 Malesherbes
N° d'imprimeur : 221355
Dépôt légal 1re publication : octobre 2017
LIBRAIRIE GÉNÉRALE FRANÇAISE – 21, rue du Montparnasse – 75298 Paris Cedex 06

31/9107/1